Impressum
Verlag: BABADADA GmbH, Nedderfeld 112 , 22529 Hamburg
Geschäftsführer / Verlagsleitung: Harald Hof
Druck: Books on Demand GmbH, In de Tarpen 42, 22848 Norderstedt

Imprint
Publisher: BABADADA GmbH, Nedderfeld 112 , 22529 Hamburg, Germany
Managing Director / Publishing direction: Harald Hof
Print: Books on Demand GmbH, In de Tarpen 42, 22848 Norderstedt

la escuela
koulu

el salón de clases
luokkahuone
dividir
jakaa
186/2
el pizarrón
taulu
el patio
koulunpiha
el maestro
opettaja
el papel
paperi
escribir
kirjoittaa
el bolígrafo
kynä
el escritorio
kirjoituspöytä
la regla
viivoitin
el libro
kirja
el alumno
oppilas

la mochila

reppu

la caja de lápices

penaali

el lápiz

lyijykynä

el sacapuntas

kynänteroitin

la goma de borrar

pyyhekumi

el bloc de dibujo

piirustuslehtiö

el dibujo

piirustus

el pincel

pensseli

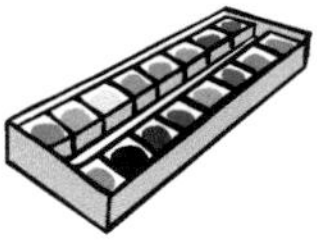

la caja de lápices de color

vesivärit

las tijeras

sakset

el pegamento

liima

el libro de ejercicios

harjoituskirja

la tarea

kotitehtävä

12

el número

luku

2+2

sumar

lisätä

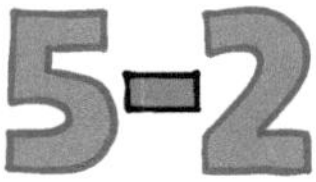
5-2

restar

vähentää

2x2

multiplicar

kertoa

42

calcular

laskea

A

la letra

kirjain

ABCDEFG
HIJKLMN
OPQRSTU
VWXYZ

el alfabeto

aakkoset

hello

la palabra

sana

el texto

teksti

leer

lukea

la tiza

liitu

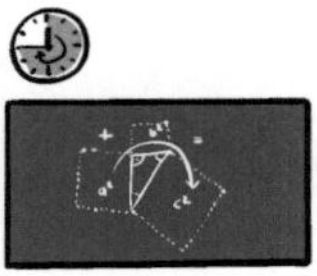

la lección

oppitunti

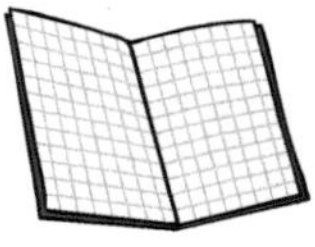

el cuaderno de clase

opettajan muistikirja

el examen

koe

el certificado

todistus

el uniforme

koulupuku

la educación

koulutus

la enciclopedia

sanakirja

la universidad

yliopisto

el microscopio

mikroskooppi

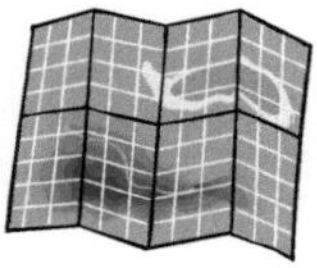

el mapa

kartta

el bote de basura

roskakori

el viaje
matka

el hotel
hotelli
Grand
el hostel
retkeilymaja
ROOMS
EXCHANGE
la casa de cambio
rahanvaihto
la maleta
matkalaukku
el carro
auto

el idioma

kieli

sí / no

kyllä / ei

Órale

selvä

hola

hei

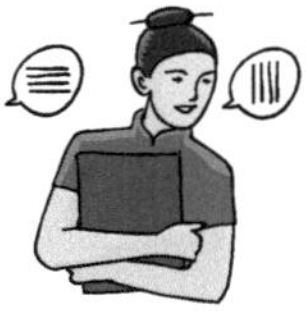

el traductor

tulkki

Gracias

kiitos

¿cuánto cuesta...?

Paljonko...maksaa?

No entiendo

en ymmärrä

el problema

ongelma

¡Buenas tardes!

Hyvää iltaa!

¡Buenos días!

Hyvää huomenta!

¡Buenas noches!

Hyvää yötä!

adiós

näkemiin

la dirección

suunta

el equipaje

matkatavarat

la bolsa

laukku

la mochila

reppu

el invitado

vieras

la recámara

huone

la bolsa de dormir

makuupussi

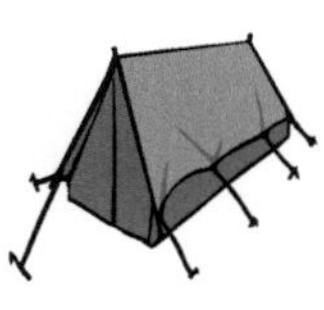

la tienda de campaña

teltta

i

la información turística

turisti-info

la playa

ranta

BANK XY

la tarjeta de crédito

luottokortti

el desayuno

aamupala

el almuerzo

lounas

la cena

päivällinen

el billete

matkalippu

el ascensor

hissi

70

el sello

postimerkki

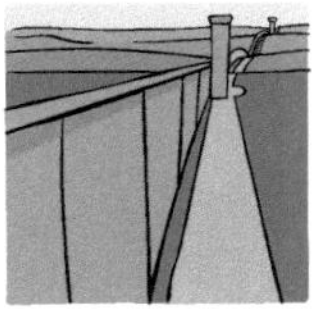

la frontera

raja

la aduana

tulli

la embajada

suurlähetystö

la visa

viisumi

PASSPORT

el pasaporte

passi

el transporte
kuljetus

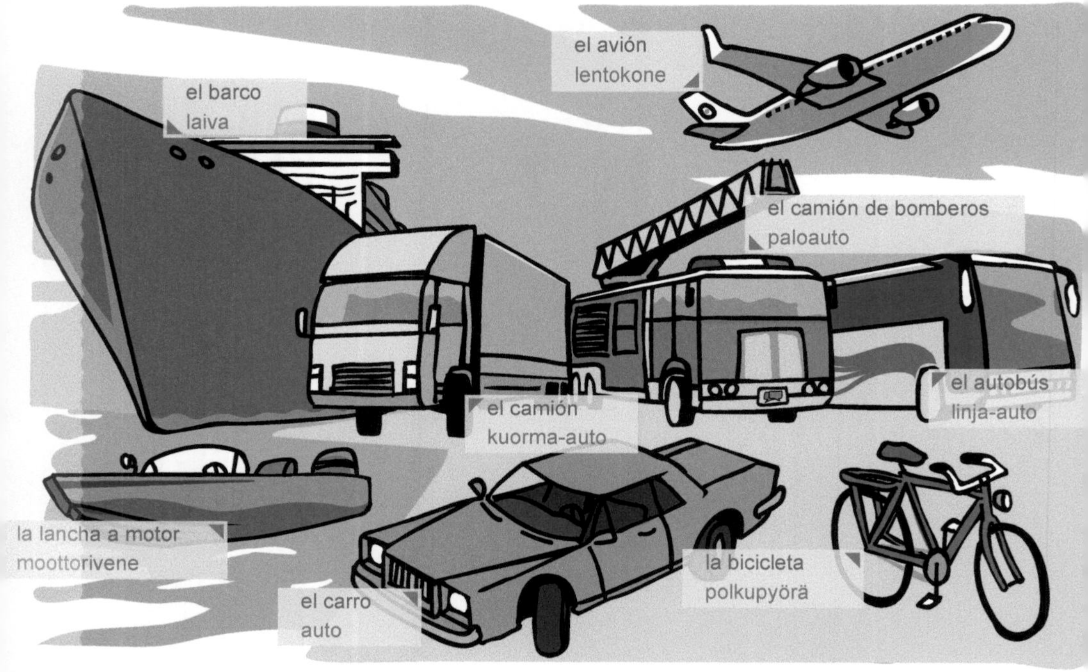
el avión
lentokone
el barco
laiva
el camión de bomberos
paloauto
el autobús
linja-auto
el camión
kuorma-auto
la lancha a motor
moottorivene
la bicicleta
polkupyörä
el carro
auto

el ferry

lautta

el bote

vene

la motocicleta

moottoripyörä

la patrulla

poliisiauto

el coche de carreras

kilpa-auto

el auto para rentar

vuokra-auto

la renta de autos
....
car sharing

la grúa
....
hinausauto

el camión recolector de basura
....
roska-auto

el motor
....
moottori

la gasolina
....
polttoaine

la gasolinera
....
huoltoasema

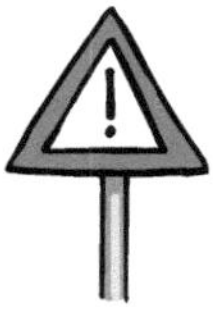

la señal de tráfico
....
liikennemerkki

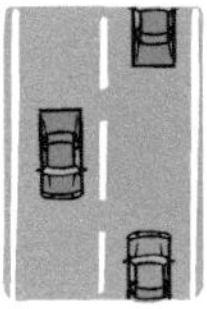

el tránsito
....
liikenne

el embotellamiento
....
ruuhka

el aparcamiento
....
parkkipaikka

la estación de tren
....
rautatieasema

las vías
....
raiteet

el tren
....
juna

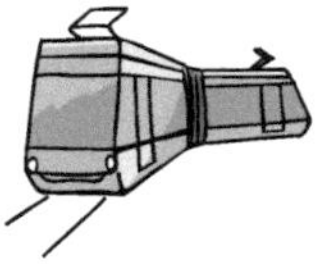

el tranvía
....
raitiovaunu

el vagón
....
vaunu

el helicóptero

helikopteri

el aeropuerto

lentokenttä

la torre

lähilennonjohto

el pasajero

matkustaja

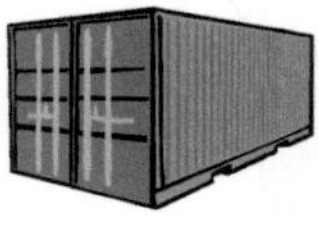

el contenedor

kontti

la caja de cartón

pahvilaatikko

la carretilla

kärryt

la cesta

kori

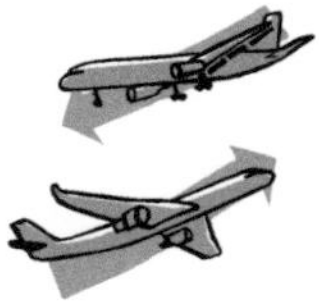

despegar / aterrizar

nousta / laskea

la ciudad

kaupunki

el pueblo

kylä

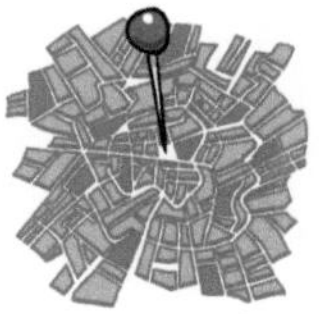

el centro de la ciudad

keskusta

la casa

talo

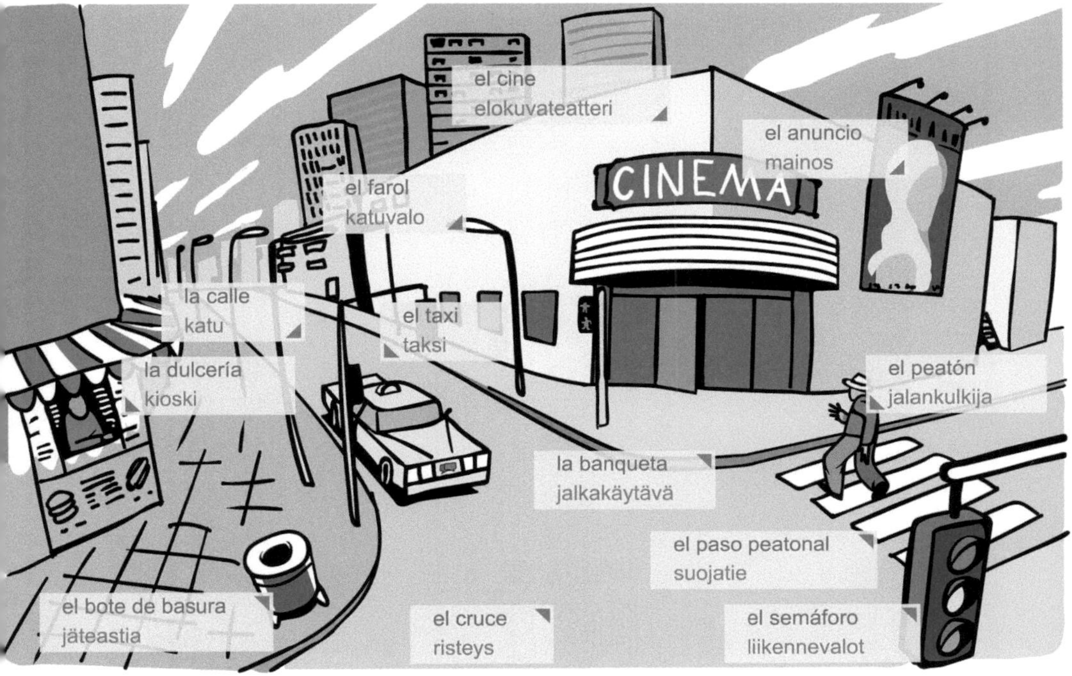
el cine
elokuvateatteri
CINEMA
el anuncio
mainos
el farol
katuvalo
la calle
katu
el taxi
taksi
la dulcería
kioski
el peatón
jalankulkija
la banqueta
jalkakäytävä
el paso peatonal
suojatie
el bote de basura
jäteastia
el cruce
risteys
el semáforo
liikennevalot

la cabaña

mökki

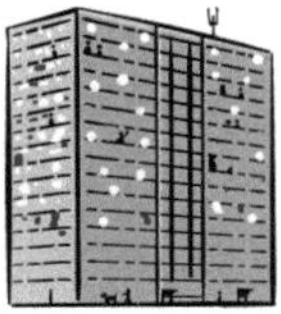

el apartamento

kerrostalo

la estación de tren

rautatieasema

el ayuntamiento

kaupungintalo

MUSEUM

el museo

museo

la escuela

koulu

la universidad

yliopisto

BANK

el banco

pankki

el hospital

sairaala

Grand

el hotel

hotelli

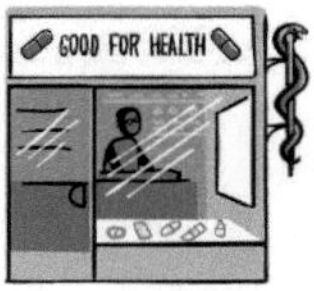
GOOD FOR HEALTH

la farmacia

apteekki

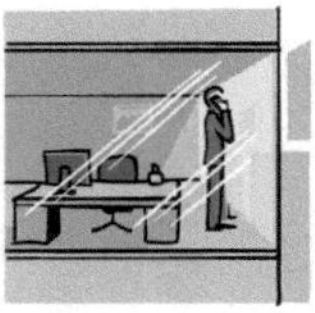

la oficina

toimisto

BOOKS
B

la librería

kirjakauppa

la tienda

liike

FLOWERS

la florería

kukkakauppa

el supermercado

supermarketti

el mercado

tori

MALL

las grandes tiendas

tavaratalo

FISH

la pescadería

kalakauppias

el centro comercial

ostoskeskus

el puerto

satama

el parque

puisto

el banco

penkki

el puente

silta

las escaleras

portaat

el metro

metro

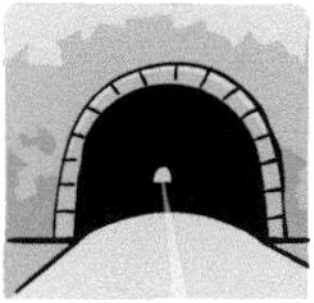

el túnel

tunneli

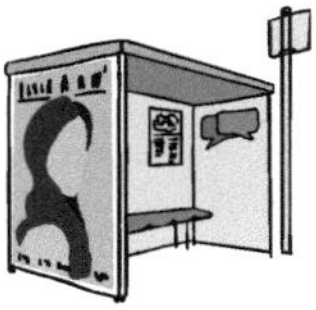

la parada de autobús

linja-autopysäkki

PHILLIES

el bar

baari

CHEZ GERALD

el restaurante

ravintola

el buzón

postilaatikko

el letrero

katukyltti

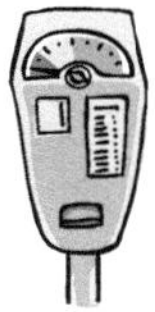

el parquímetro

parkkimittari

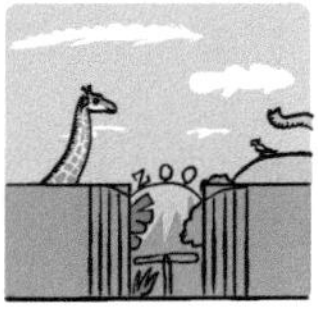
ZOO

el zoológico

eläintarha

la alberca

uimala

la mezquita

moskeija

la granja

maatila

la contaminación

ympäristön saastuminen

el cementerio

hautausmaa

la iglesia

kirkko

el área de niños

leikkikenttä

el templo

temppeli

el paisaje
maisema

la hoja
lehti
la señal
tienviitta
el camino
tie
la pradera
niitty
la piedra
kivi
el caminante
retkeilijä
el árbol
puu
el río
joki
el pasto
ruoho
la flor
kukka

el valle

laakso

la montaña

vuori

el lago

järvi

el bosque

metsä

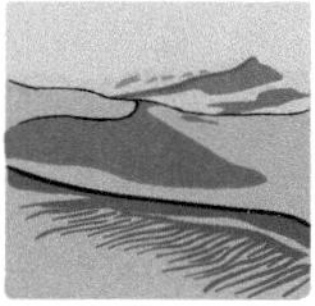

el desierto

aavikko

el volcán

tulivuori

el castillo

linna

el arco iris

sateenkaari

el champiñón

sieni

la palmera

palmu

el mosquito

hyttynen

la mosca

kärpänen

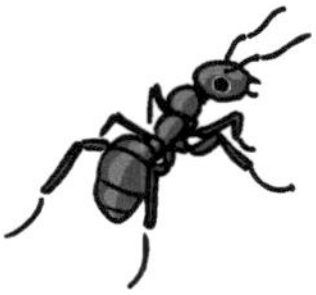

la hormiga

muurahainen

la abeja

mehiläinen

la araña

hämähäkki

el escarabajo

kovakuoriainen

la rana

sammakko

la ardilla

orava

el erizo

siili

la liebre

jänis

la lechuza

pöllö

el pájaro

lintu

el cisne

joutsen

el jabalí

villisika

el ciervo

peura

el alce

hirvi

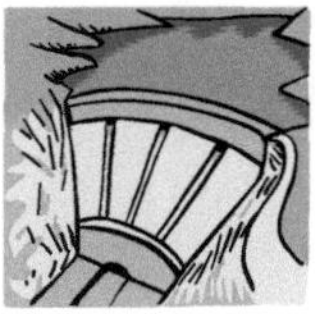

el embalse

pato

la turbina eólica

tuulimylly

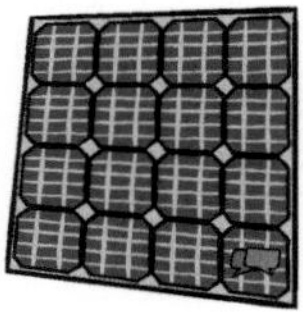

el panel solar

aurinkopaneeli

el clima

ilmasto

el restaurante
ravintola

el camarero
tarjoilija
el menú
ruokalista
la silla
tuoli
la sopa
keitto
la pizza
pitsa
el mantel
pöytäliina
los cubiertos
ruokailuvälineet

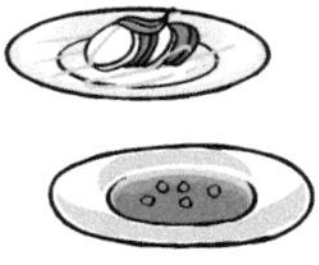

la entrada

alkuruoka

el plato fuerte

pääruoka

el postre

jälkiruoka

las bebidas

juomat

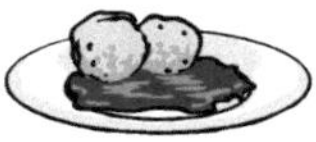

la comida

ruoka

la botella

pullo

la comida rápida

pikaruoka

la comida de la calle

katuruoka

la tetera

teekannu

la azucarera

sokeriastia

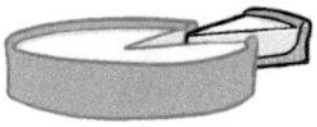

la porción

annos

la cafetera espresso

espressokeitin

la periquera

syöttötuoli

la cuenta

lasku

la charola

tarjotin

el cuchillo

veitsi

el tenedor

haarukka

la cuchara

lusikka

la cuchara de té

teelusikka

la servilleta

servietti

el vaso

lasi

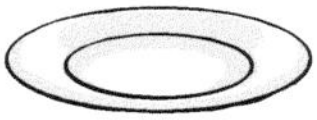

el plato

lautanen

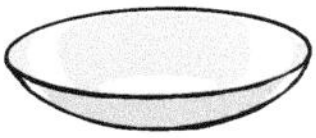

el plato hondo

syvä lautanen

el plato

aluslautanen

la salsa

kastike

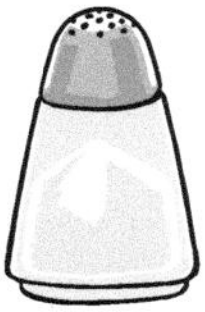

el salero

suolasirotin

el molino para pimienta

pippurimylly

el vinagre

etikka

el aceite

öljy

las especias

mausteet

el kétchup

ketsuppi

la mostaza

sinappi

MAYO

la mayonesa

majoneesi

el supermercado
supermarketti

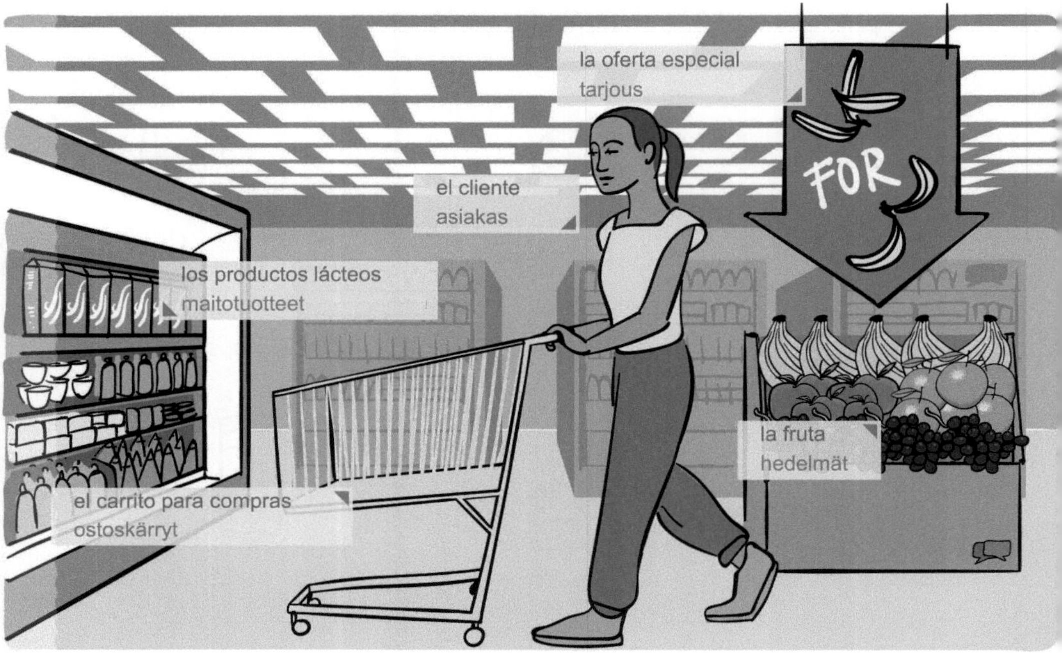

la oferta especial
tarjous
FOR
el cliente
asiakas
los productos lácteos
maitotuotteet
la fruta
hedelmät
el carrito para compras
ostoskärryt

BUTCHERS

la carnicería

teurastamo

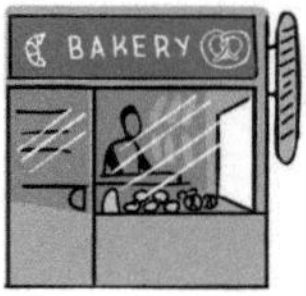
BAKERY

la panadería

leipomo

pesar

punnita

los vegetales

kasvikset

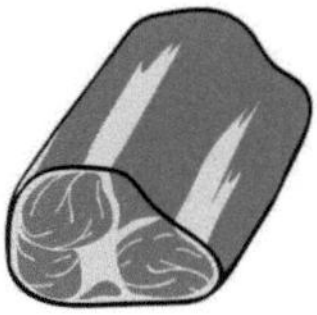

la carne

liha

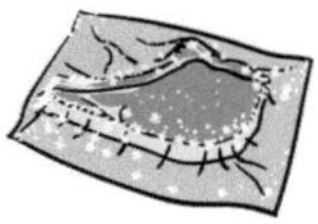

los alimentos congelados

pakasteet

las carnes frías
....
leikkele

los alimentos enlatados
....
säilykkeet

clean

el detergente en polvo
....
pesujauhe

BON BON

los dulces
....
makeiset

los electrodomésticos
....
kotitaloustarvikkeet

productos de limpieza
....
puhdistusaineet

la vendedora
....
myyjä

la caja
....
kassa

el cajero
....
kassanhoitaja

la lista de compras
....
ostoslista

OPEN

el horario de atención al público
....
aukioloajat

la cartera
....
lompakko

BANK XY

la tarjeta de crédito
....
luottokortti

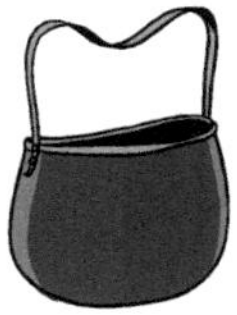

la bolsa
....
kassi

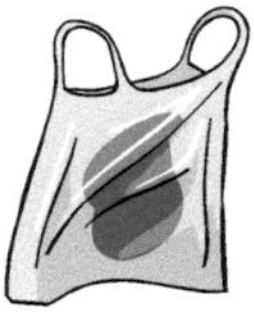

la bolsa de plástico
....
muovipussi

las bebidas
juomat

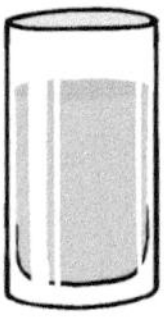

el agua

vesi

el jugo

mehu

la leche

maito

el refresco de cola

kokis

el vino

viini

la cerveza

olut

el alcohol

alkoholi

CACAO

el cacao

kaakao

el té

tee

el café

kahvi

el espresso

espresso

el cappuccino

cappuccino

la comida
ruoka

el plátano

banaani

la manzana

omena

la naranja

appelsiini

el melón

meloni

el limón

sitruuna

la zanahoria

porkkana

el ajo

valkosipuli

el bambú

bambu

la cebolla

sipuli

el champiñón

sieni

las nueces

pähkinät

los fideos

spagetti

los espaguetis

spagetti

el arroz

riisi

la ensalada

salaatti

las patatas fritas

ranskalaiset

las patatas fritas

paistetut perunat

la pizza

pitsa

la hamburguesa

hampurilainen

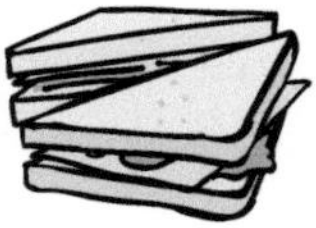

el emparedado

voileipä

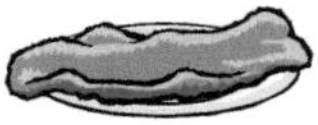

el filete

leike

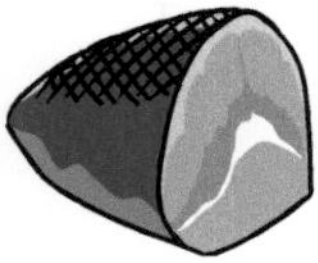

el jamón

kinkku

el salami

salami

la salchicha

makkara

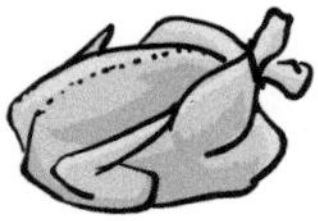

el pollo

kana

el asado

paisti

el pescado

kala

OATS

los copos de avena

kaurahiutaleet

MUESLI

el muesli

mysli

los copos de maíz

murot

405

la harina

jauho

el cuernito

voisarvi

el bolillo

sämpylä

el pan

leipä

la tostada

paahtoleipä

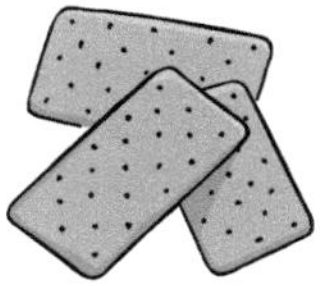

las galletas

keksit

la mantequilla

voi

la cuajada

rahka

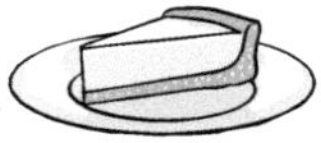

el pastel

kakku

el huevo

kananmuna

el huevo frito

paistettu kananmuna

el queso

juusto

el helado

jäätelö

el azúcar

sokeri

la miel

hunaja

la mermelada

hillo

la crema de chocolate

suklaapähkinälevite

el curry

curry

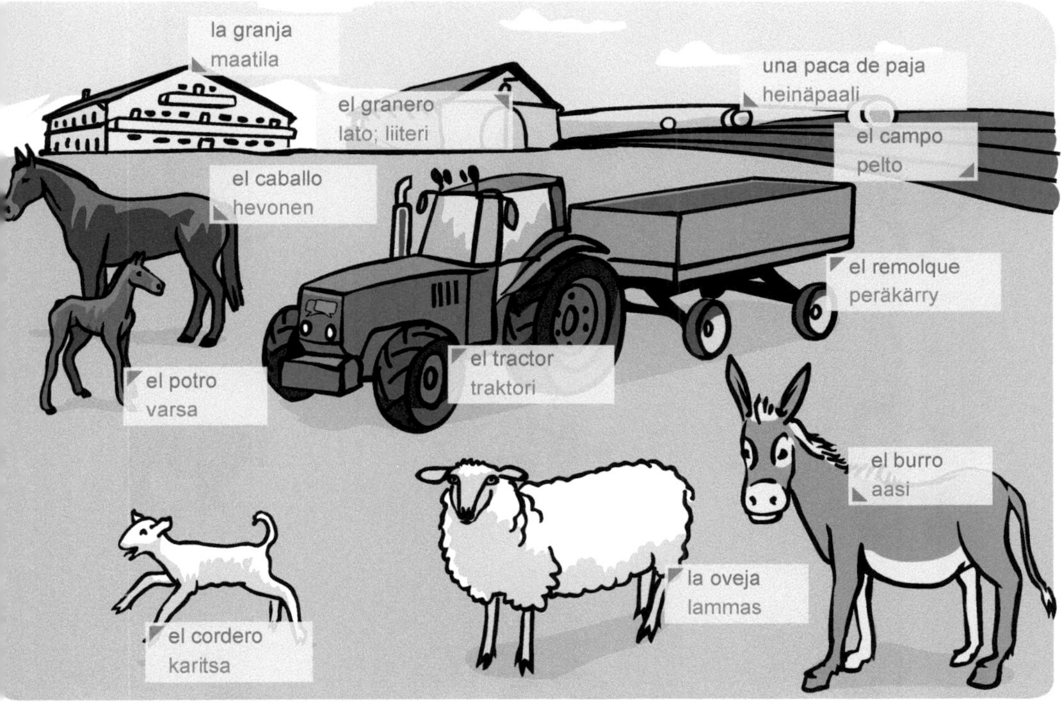

la granja
maatila
el granero
lato; liiteri
una paca de paja
heinäpaali
el campo
pelto
el caballo
hevonen
el remolque
peräkärry
el tractor
traktori
el potro
varsa
el burro
aasi
la oveja
lammas
el cordero
karitsa

la cabra

vuohi

la vaca

lehmä

el ternero

vasikka

el cerdo

sika

el lechón

porsas

el toro

sonni

el ganso
hanhi

el pato
ankka

el pollo
tipu

la gallina
kana

el gallo
kukko

la rata
rotta

el gato
kissa

el ratón
hiiri

el buey
härkä

el perro
koira

la casa del perro
koirankoppi

la manguera
puutarhaletku

la regadera
kastelukannu

la guadaña
viikate

el arado
aura

la hoz

sirppi

el azadón

kuokka

la horquilla

talikko

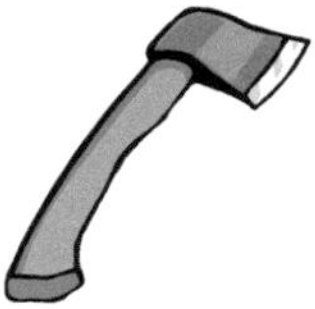

el hacha

kirves

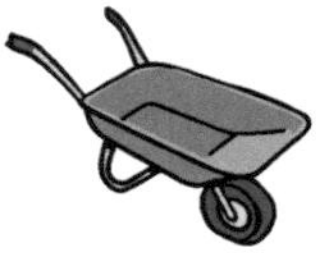

la carretilla

kottikärryt

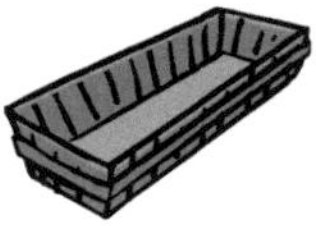

el bebedero

kaukalo

el bote de leche

maitokannu

el saco

säkki

la valla

aita

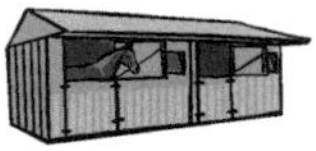

el establo

talli

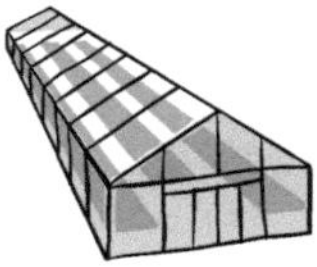

el invernadero

kasvihuone

el suelo

maa

la semilla

siemen

el fertilizador

lannoite

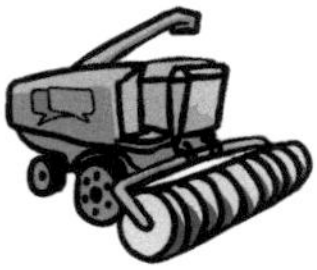

la cosechadora

leikkuupuimuri

cosechar

kerätä sato

la cosecha

sato

el camote

jamssit

el trigo

vehnä

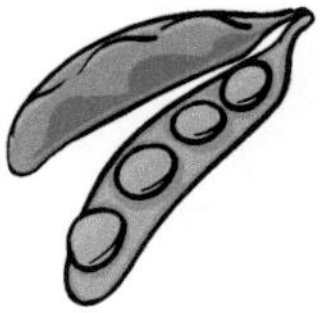

la soja

soija

la patata

peruna

el maíz

maissi

la semilla de colza

rypsi

el árbol frutal

hedelmäpuu

la mandioca

maniokki

las cereales

vilja

la casa

talo

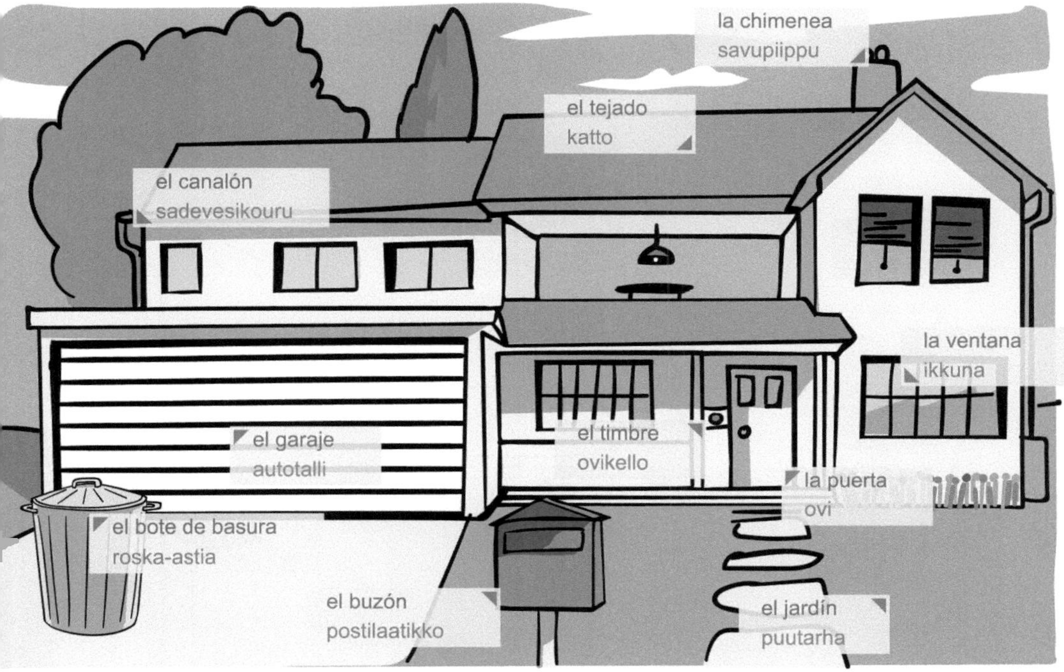

la chimenea
savupiippu
el tejado
katto
el canalón
sadevesikouru
la ventana
ikkuna
el garaje
autotalli
el timbre
ovikello
la puerta
ovi
el bote de basura
roska-astia
el buzón
postilaatikko
el jardín
puutarha

la estancia
olohuone

el baño
kylpyhuone

la cocina
keittiö

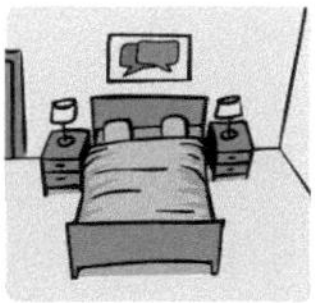

la recámara
makuuhuone

la recámara de los niños
lastenhuone

el comedor
ruokahuone

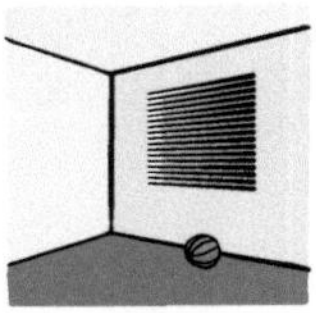

el suelo

lattia

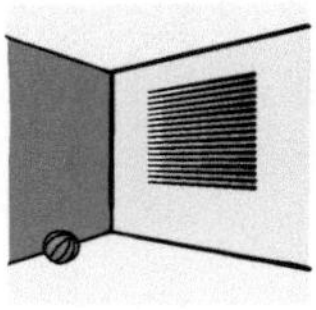

la pared

seinä

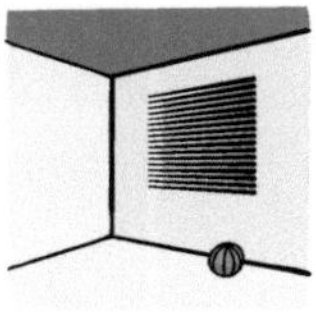

el techo

katto

el sótano

kellari

el sauna

sauna

el balcón

parveke

la terraza

terassi

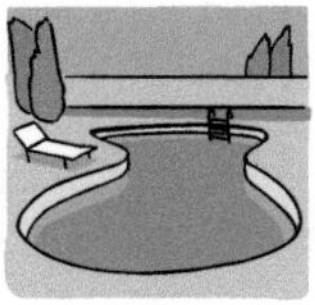

la alberca

uima-allas

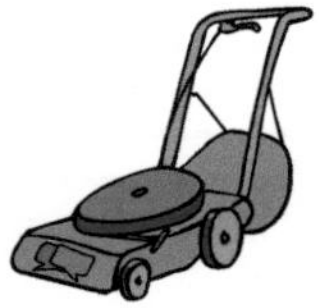

el cortacésped

ruohonleikkuri

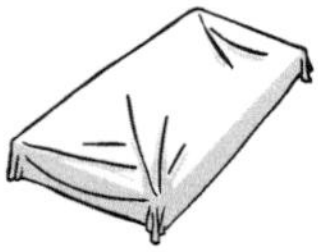

la sábana

lakana

la colcha

päiväpeitto

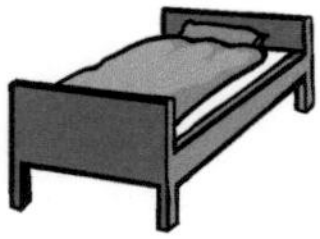

la cama

sänky

la escoba

harja

el balde

ämpäri

el interruptor

katkaisin

la estancia
olohuone

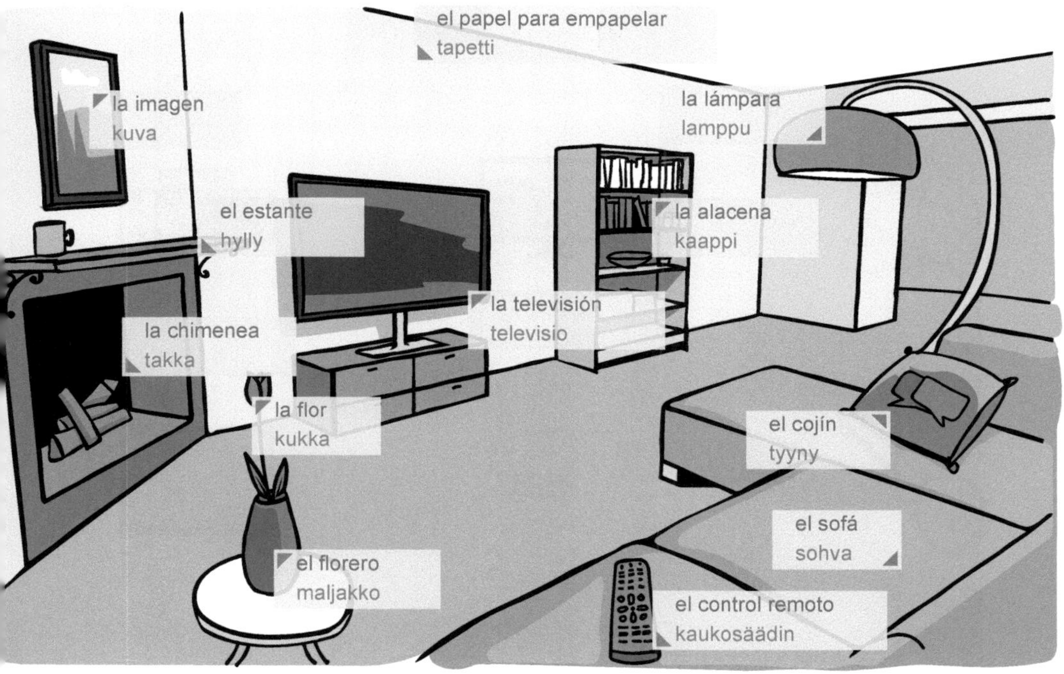

el papel para empapelar
tapetti
la imagen
kuva
la lámpara
lamppu
el estante
hylly
la alacena
kaappi
la televisión
televisio
la chimenea
takka
la flor
kukka
el cojín
tyyny
el sofá
sohva
el florero
maljakko
el control remoto
kaukosäädin

la alfombra

matto

la cortina

verho

la mesa

pöytä

la silla

tuoli

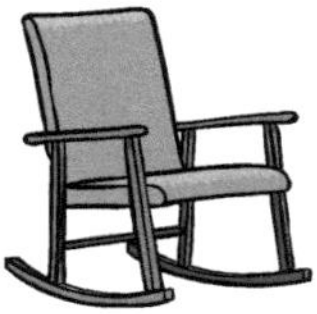

la mecedora

keinutuoli

el sillón

nojatuoli

el libro

kirja

la frazada

peitto

la decoración

koriste

la leña

polttopuut

la película

elokuva

el equipo de música

stereot

la llave

avain

el periódico

sanomalehti

la pintura

maalaus

el póster

juliste

la radio

radio

el cuaderno

muistivihko

la aspiradora

pölynimuri

el cactus

kaktus

la vela

kynttilä

la cocina
keittiö

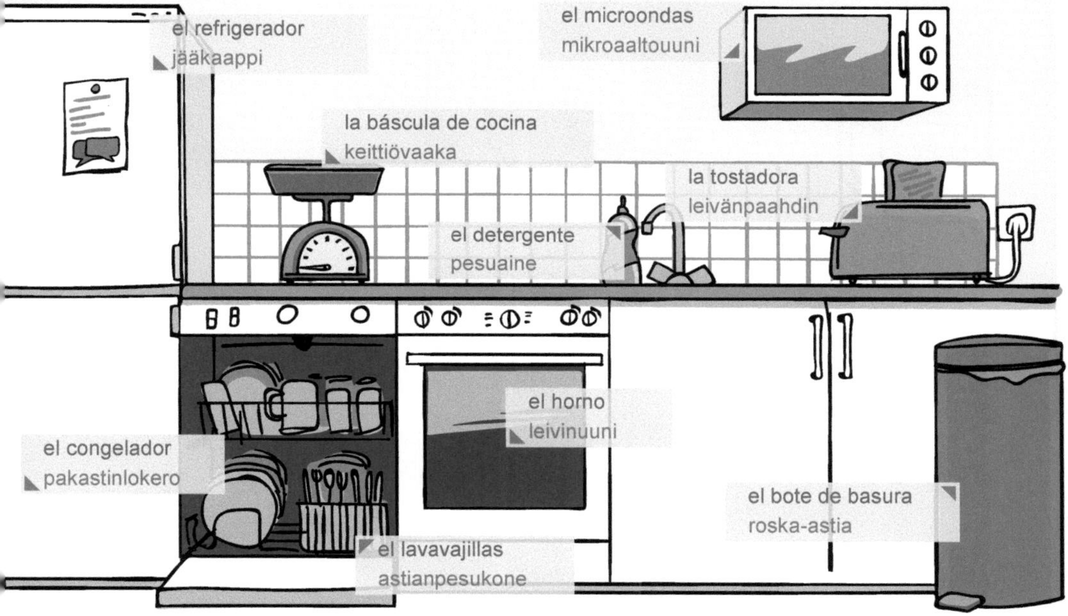

el refrigerador
jääkaappi
el microondas
mikroaaltouuni
la báscula de cocina
keittiövaaka
la tostadora
leivänpaahdin
el detergente
pesuaine
el horno
leivinuuni
el congelador
pakastinlokero
el bote de basura
roska-astia
el lavavajillas
astianpesukone

la olla a presión

liesi

la olla

kattila

la olla de hierro fundido

rautapata

el wok

vokkipannu / kadai-pannu

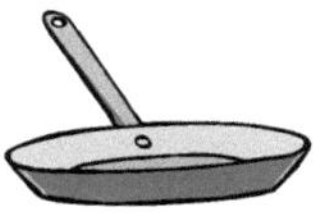

la sartén

paistinpannu

el hervidor

teepannu

la vaporera

höyrykeitin

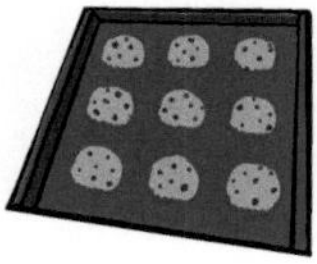

la charola de horno

uunipelti

la loza

astiat

la taza

muki

el bol

kulho

los palillos

syömäpuikot

el cucharón

kauha

la espátula

paistinlasta

la batidora

vispilä

el colador

siivilä

el colador

siivilä

el rallador

raastin

el mortero

mortteli

la barbacoa

grilli

la fogata

avotuli

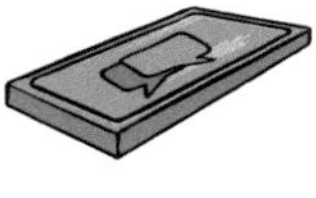

la tabla para picar

leikkuulauta

el rodillo para amasar

kaulin

el sacacorchos

korkinavaaja

la lata

purkki

el abrelatas

purkinavaaja

el guante de cocina

pannulappu

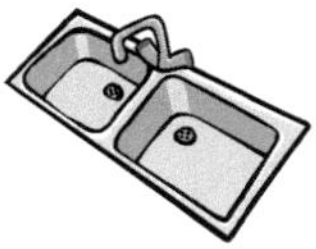

el fregadero

lavuaari

el cepillo

tiskiharja

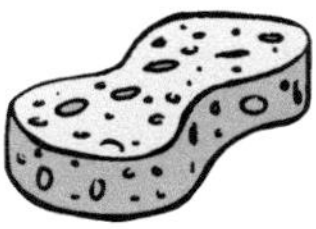

la esponja

pesusieni

la batidora

tehosekoitin

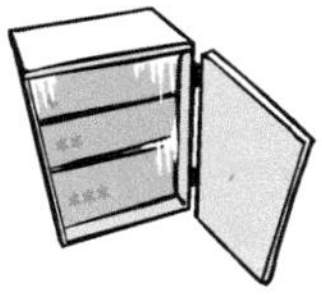

el congelador

pakastin

el biberón

tuttipullo

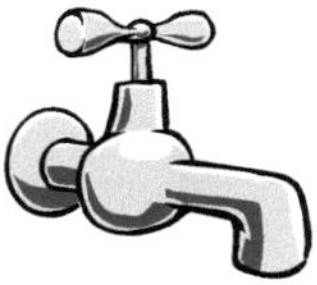

la llave

vesihana

el baño
kylpyhuone

la calefacción
lämmitys
la ducha
suihku
la toalla
pyyhe
la cortina de la ducha
suihkuverho
el baño de espuma
vaahtokylpy
la tina
kylpyamme
el vaso
lasi
la lavadora
pesukone
la llave
vesihana
las baldosas
kaakelit
la bacinica
potta
el fregadero
lavuaari

el inodoro

vessa

la letrina

kyykkyvessa

el bidé

bidee

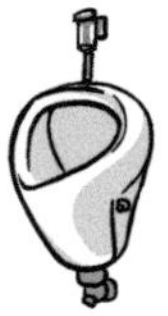

el mingitorio

pisuaari

el papel higiénico

vessapaperi

el cepillo para baño

vessaharja

el cepillo de dientes

hammasharja

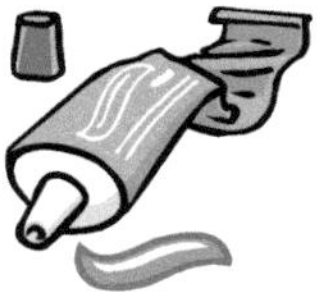

la pasta dental

hammastahna

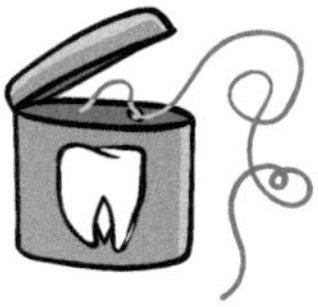

el hilo dental

hammaslanka

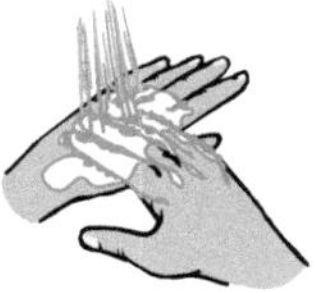

lavar

pestä

la ducha de mano

käsisuihku

la ducha vaginal

intiimisuihku

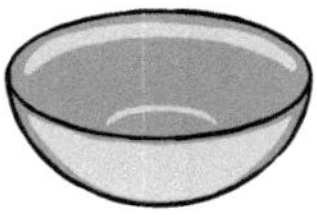

el fregadero

pesuvati

el cepillo de espalda

selkäharja

el jabón

saippua

el gel de ducha

suihkugeeli

el champú

shampoo

la toallita

pesulappu

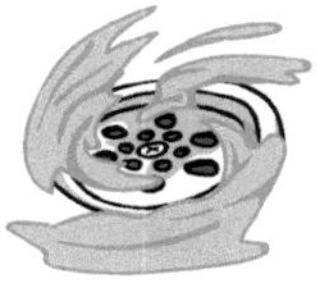

el drenaje

viemäri

la crema

voide

el desodorante

deodorantti

el espejo

peili

el espejo de tocador

käsipeili

la máquina para afeitar

partaveitsi

la espuma de afeitar

partavaahto

la loción para después de afeitar

partavesi

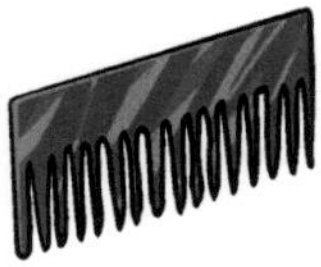

el peine

kampa

el cepillo

harja

la secadora

hiustenkuivaaja

la laca

hiuslakka

el maquillaje

meikki

el lápiz labial

huulipuna

el esmalte para uñas

kynsilakka

el algodón

pumpuli

las tijeras para uñas

kynsisakset

el perfume

hajuvesi

el estuche para cosméticos

kosmetiikkalaukku

el taburete

jakkara

la báscula

vaaka

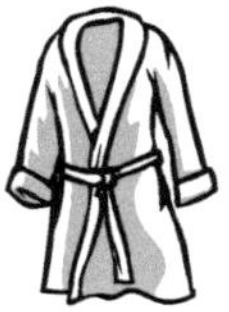

la bata

kylpytakki

los guantes de goma

kumihansikkaat

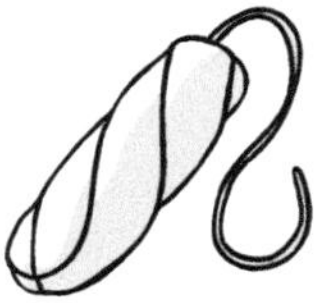

el tampón

tamponi

la toalla sanitaria

terveysside

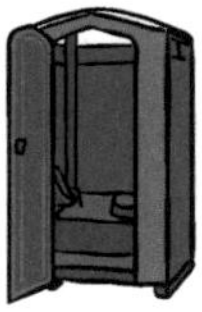

el baño móvil

kemiallinen wc

la recámara de los niños

lastenhuone

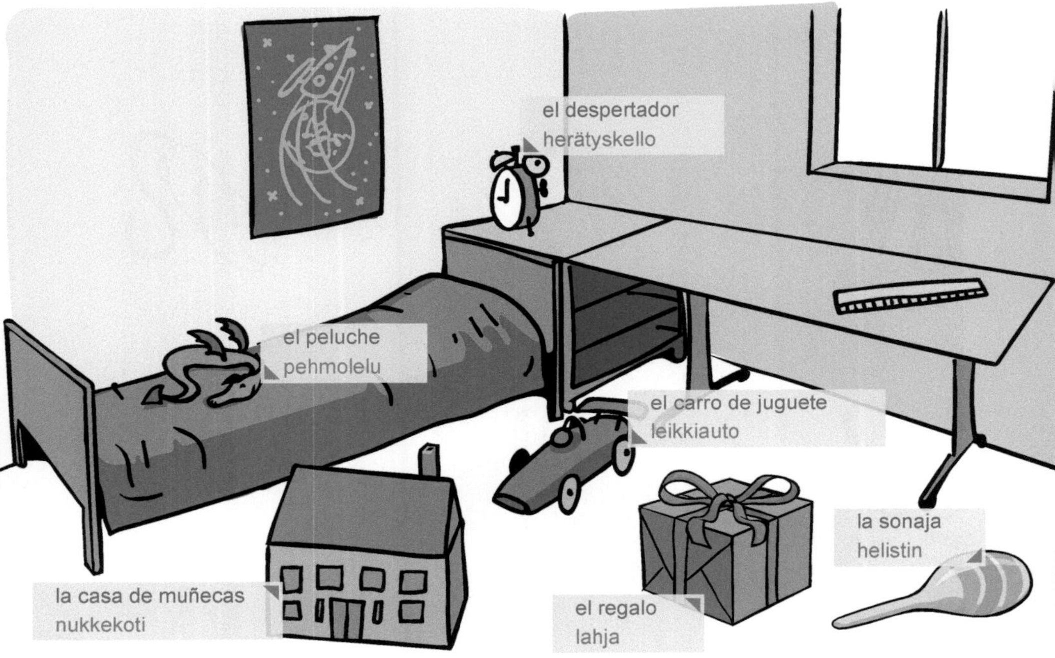
el despertador
herätyskello
el peluche
pehmolelu
el carro de juguete
leikkiauto
la sonaja
helistin
la casa de muñecas
nukkekoti
el regalo
lahja

el globo

ilmapallo

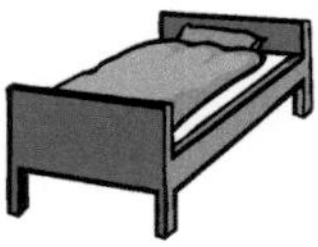

la cama

sänky

la carriola

lastenvaunut

las cartas

korttipeli

el rompecabezas

palapeli

SUPER
MEGA

el cómic

sarjakuva

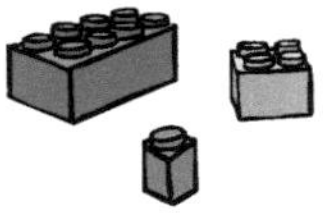

las piezas de lego

legopalikat

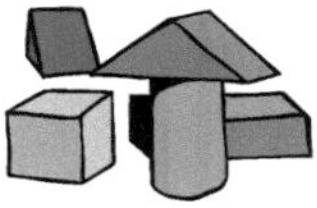

los bloques para jugar

rakennuspalikat

la figura de acción

supersankari

el mameluco

potkupuku

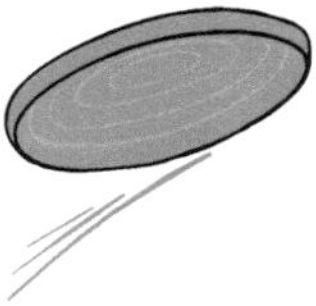

el frisbee

frisbee

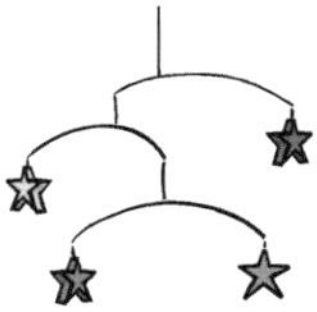

el móvil para bebés

mobile

el juego de mesa

lautapeli

los dados

noppa

el tren eléctrico

pienoisjunarata

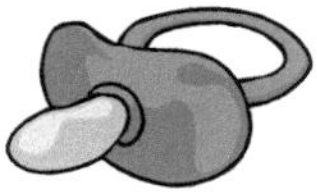

el maniquí

tutti

la fiesta

juhlat

el álbum de fotos

kuvakirja

el balón

pallo

la muñeca

nukke

jugar

leikkiä

el arenero

hiekkalaatikko

el columpio

keinu

los juguetes

lelut

la consola de videojuegos

pelikonsoli

el triciclo

kolmipyörä

el oso de peluche

nalle

el clóset

vaatekaappi

la ropa
vaatteet

los calcetines

sukat

las pantimedias

nylonsukat

las mallas

sukkahousut

la bufanda
kaulaliina

el paraguas
sateenvarjo

la playera
t-paita

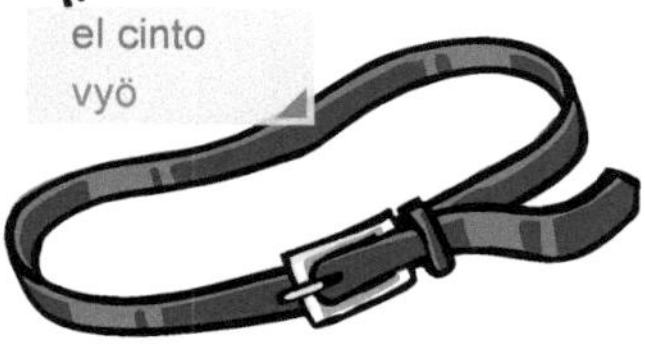
el cinto
vyö

los tenis
lenkkarit

las botas
saappaat

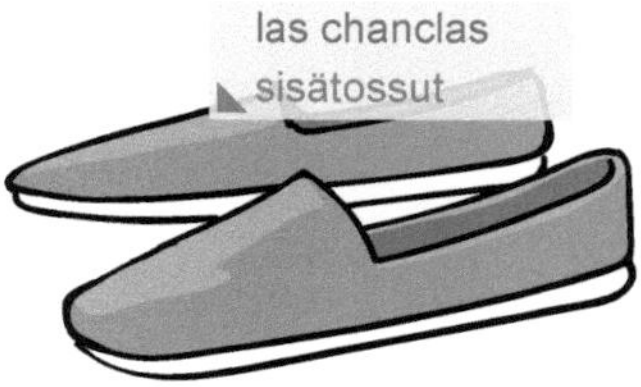
las chanclas
sisätossut

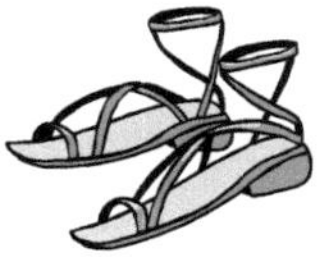

las sandalias

sandaalit

los zapatos

kengät

las botas de goma

kumisaappaat

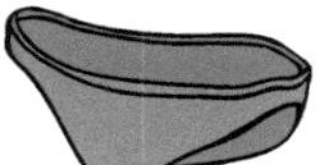

la ropa interior

alushousut

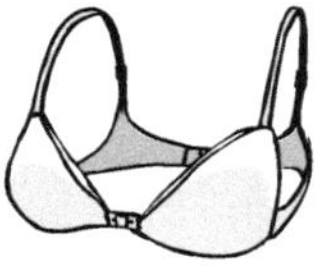

el brasier

rintaliivit

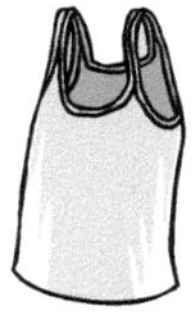

el chaleco

aluspaita

el body

body

los pantalones

housut

los pantalones de mezclilla

farkut

la falda

hame

la blusa

pusero

la camisa

paita

el suéter

villapaita

la sudadera

collegepaita

el saco sport

jakku

la chamarra

takki

el abrigo

takki

el impermeable

sadetakki

el traje

puku

el vestido

mekko

el vestido de novia

hääpuku

el traje

puku

el camisón

yöpaita

el pijama

pyjama

el sari

shari

el pañuelo para la cabeza

päähuivi

el turbante

turbaani

la burka

burka

el caftán

kaftaani

la abaya

abaya

el traje de baño

uimapuku

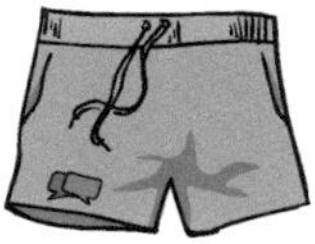

el short de baño

uimahousut

los shorts

shortsit

los pants

verkkarit

el delantal

esiliina

los guantes

käsineet

el botón

nappi

las gafas

silmälasit

el brazalete

rannekoru

el collar

kaulakoru

el anillo

sormus

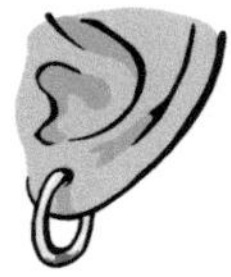

el arete

korvakoru

la gorra

lippalakki

el gancho

ripustin

el sombrero

hattu

la corbata

solmio

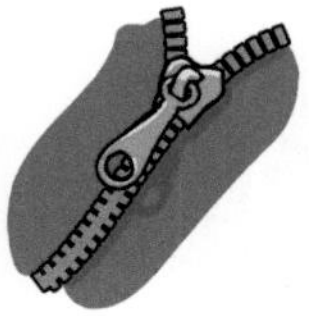

el cierre

vetoketju

el casco

kypärä

los tirantes

henkselit

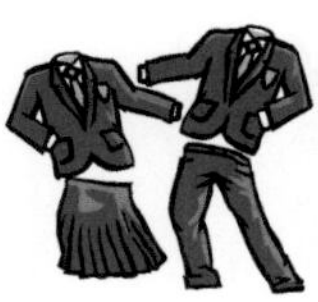

el uniforme

koulupuku

el uniforme

univormu

el babero

ruokalappu

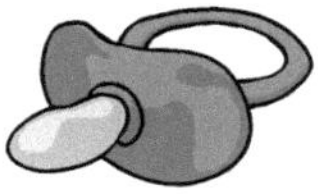

el maniquí

tutti

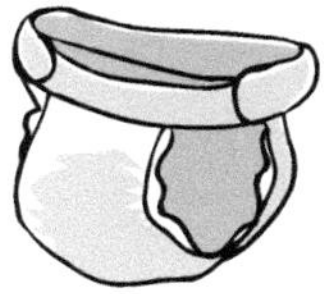

el pañal

vaippa

la oficina
toimisto

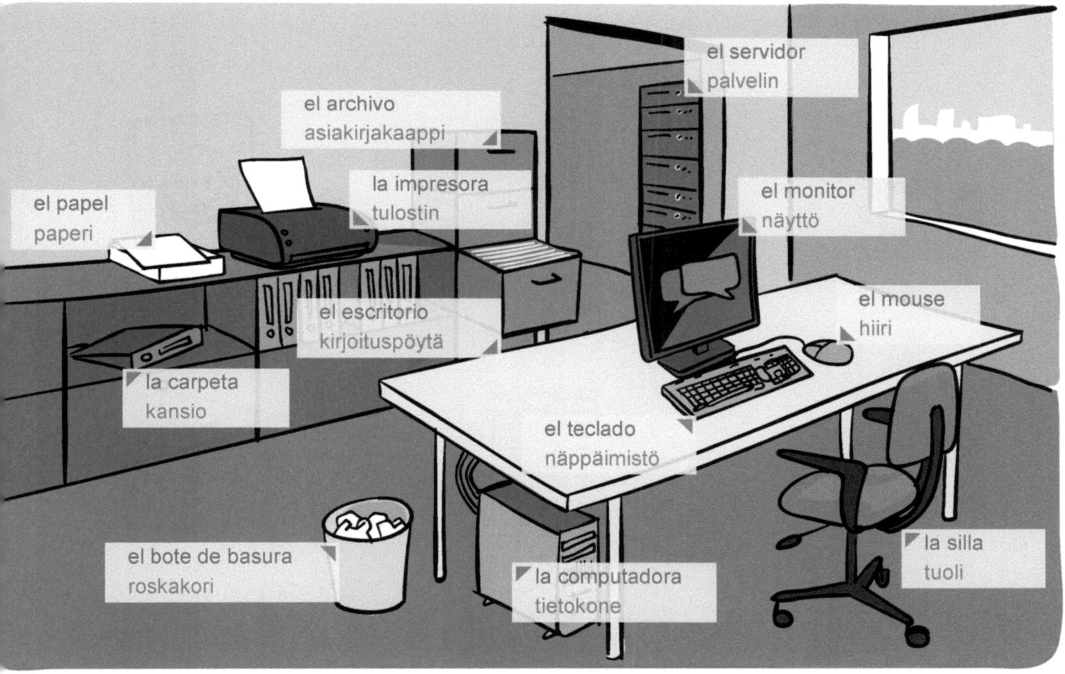

el servidor
palvelin
el archivo
asiakirjakaappi
el papel
paperi
la impresora
tulostin
el monitor
näyttö
el escritorio
kirjoituspöytä
el mouse
hiiri
la carpeta
kansio
el teclado
näppäimistö
el bote de basura
roskakori
la silla
tuoli
la computadora
tietokone

la taza de café

kahvimuki

la calculadora

taskulaskin

el internet

internet

la notebook

kannettava tietokone

la carta

kirje

1

el mensaje

viesti

el móvil

kännykkä

la red

verkko

la fotocopiadora

kopiokone

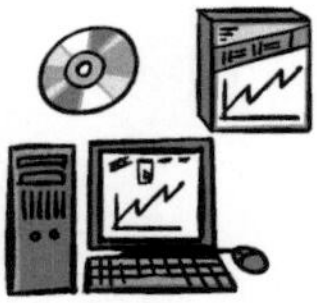

el software

ohjelmisto

el teléfono

puhelin

el tomacorriente

pistorasia

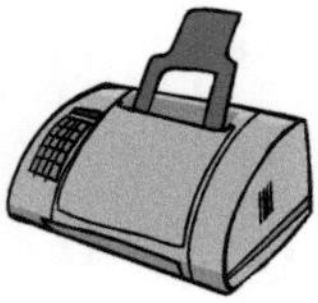

el fax

faksi

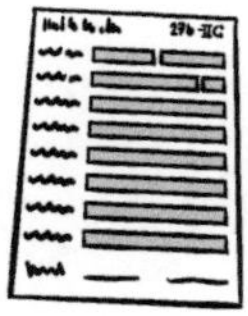

el formulario

lomake

el documento

asiakirja

la economía
talous

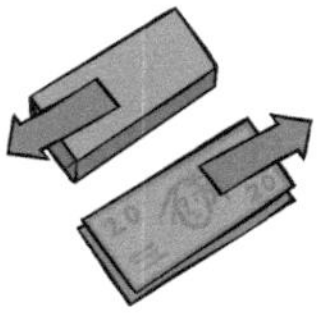

comprar

ostaa

pagar

maksaa

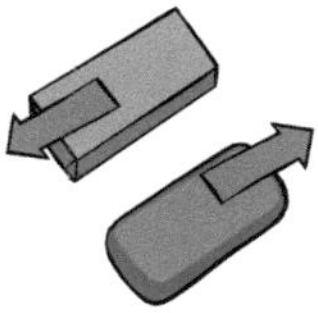

hacer negocios

vaihtaa

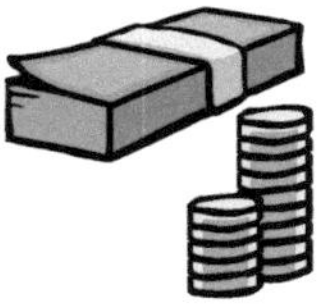

el dinero

raha

USD

el dólar

dollari

EUR

el euro

euro

JPY

el yen

jeni

RUB

el rublo

rupla

CHF

el franco suizo

frangi

CNY

el yuan

renminbi juan

INR

la rupia

rupia

ATM

el cajero automático

pankkiautomaatti

la casa de cambio

rahanvaihto

el oro

kulta

la plata

hopea

el petróleo

öljy

la energía

energia

36€

el precio

hinta

el contrato

sopimus

el impuesto

vero

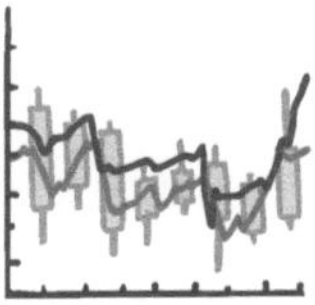

la acción

osake

trabajar

työskennellä

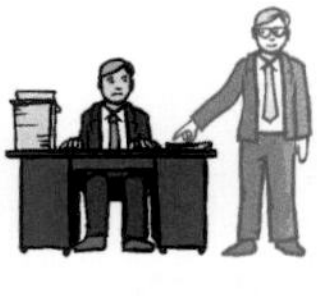

el empleado

työntekijä

el empleador

työnantaja

la fábrica

tehdas

la tienda

liike

las ocupaciones
ammatit

el bombero
palomies
el policía
poliisi
el cocinero
kokki
el médico
lääkäri
el piloto
lentäjä

el jardinero
puutarhuri

el carpintero
puuseppä

la costurera
ompelija

el juez
tuomari

el farmacéutico
kemisti

el actor
näyttelijä

el conductor de autobús

linja-autonkuljettaja

el taxista

taksinkuljettaja

el pescador

kalastaja

la señora de la limpieza

siivooja

el instalador de techos

katontekijä

el camarero

tarjoilija

el cazador

metsästäjä

el pintor

maalari

el panadero

leipuri

el electricista

sähköasentaja

el obrero

rakentaja

el ingeniero

insinööri

el carnicero

teurastaja

el plomero

putkiasentaja

el cartero

postinjakaja

el soldado

sotilas

el arquitecto

arkkitehti

el cajero

kassanhoitaja

el florista

floristi

el peluquero

kampaaja

el cobrador

konduktööri

el mecánico

mekaanikko

el capitán

kapteeni

el dentista

hammaslääkäri

el científico

tiedemies

el rabino

rabbi

el imán

imaami

el monje

munkki

el sacerdote

pappi

las herramientas
työkalut

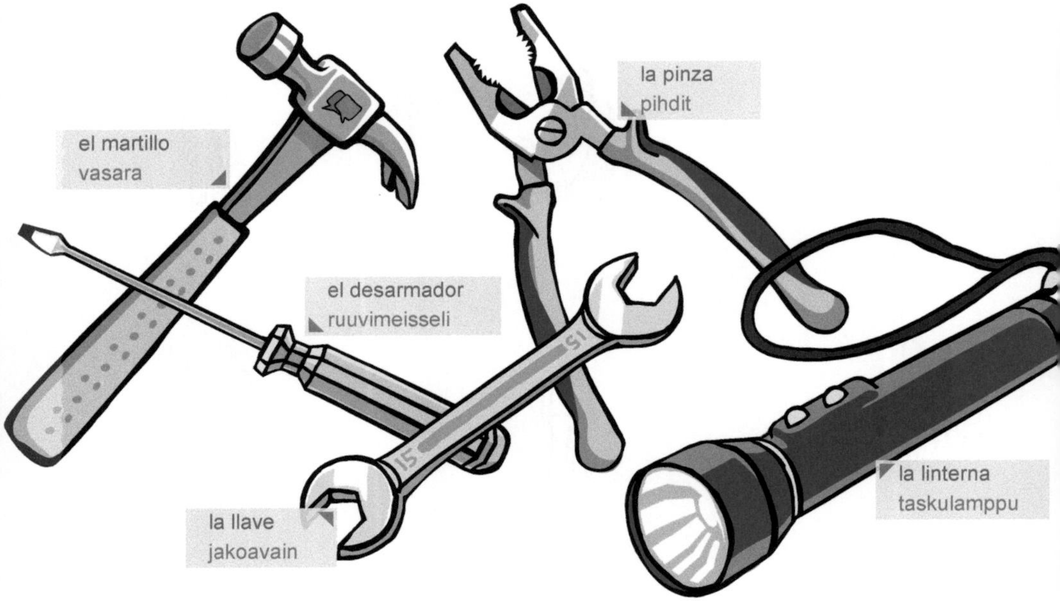
el martillo
vasara
la pinza
pihdit
el desarmador
ruuvimeisseli
la linterna
taskulamppu
la llave
jakoavain

la excavadora

kaivinkone

la caja de herramientas

työkalupakki

la escalera de mano

tikkaat

la sierra

saha

los clavos

naulat

el taladro

pora

reparar

korjata

la pala

lapio

¡Maldición!

Hitto!

el recogedor

rikkalapio

el bote de pintura

maalipurkki

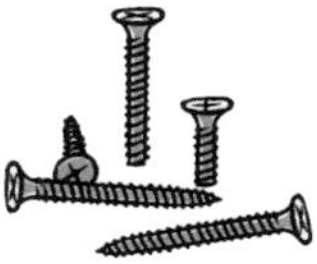

los tornillos

ruuvit

los instrumentos musicales

soittimet

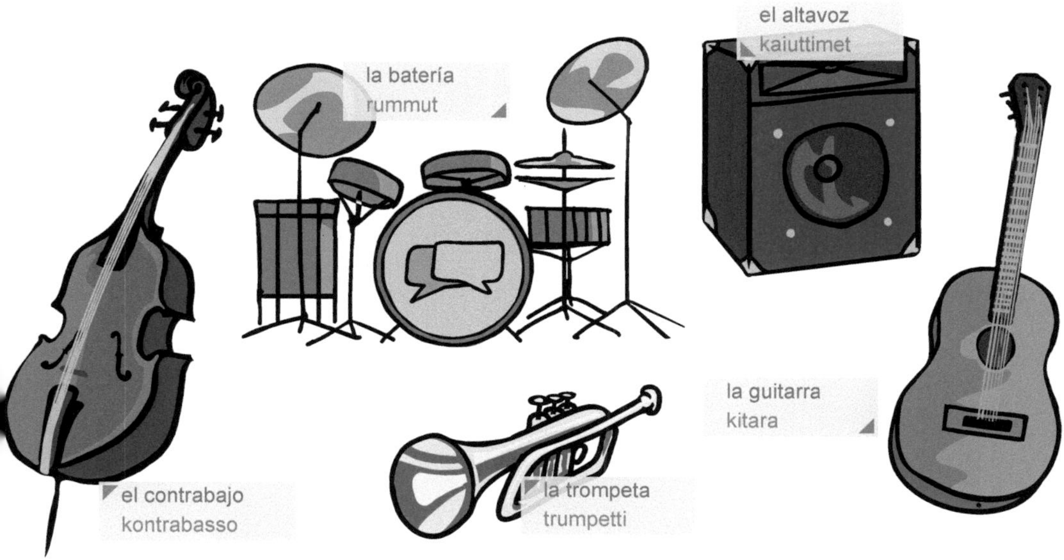
el altavoz
kaiuttimet
la batería
rummut
la guitarra
kitara
el contrabajo
kontrabasso
la trompeta
trumpetti

el piano

piano

el violín

viulu

el bajo

basso

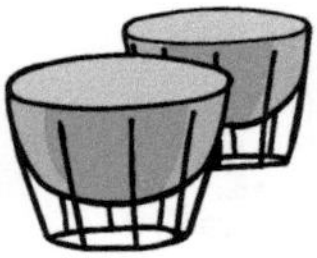

los timbales

patarummut

el tambor

rumpu

el teclado

kosketinsoitin

el saxofón

saksofoni

la flauta

huilu

el micrófono

mikrofoni

el zoológico
eläintarha

el tigre
tiikeri
la entrada
sisäänkäynti
la jaula
häkki
la cebra
seepra
el alimento para animales
eläinten ruoka
el oso panda
panda

los animales

eläimet

el elefante

norsu

el canguro

kenguru

el rinoceronte

sarvikuono

el gorila

gorilla

el oso

karhu

el camello

kameli

el avestruz

strutsi

el león

leijona

el mono

apina

el flamenco

flamingo

el loro

papukaija

el oso polar

jääkarhu

el pingüino

pingviini

el tiburón

hai

el pavo real

riikinkukko

la serpiente

käärme

el cocodrilo

krokotiili

el guardián de zoológico

eläintarhanhoitaja

la foca

hylje

el jaguar

jaguaari

el poni

poni

el leopardo

leopardi

el hipopótamo

virtahepo

la jirafa

kirahvi

el águila

kotka

el jabalí

villisika

el pescado

kala

la tortuga

kilpikonna

la morsa

mursu

el zorro

kettu

la gacela

gaselli

los deportes
urheilu

el fútbol americano
amerikkalainen jalkapallo
el ciclismo
pyöräily
el tenis
tennis
el baloncesto
koripallo
la natación
uinti
el boxeo
nyrkkeily
el hockey sobre hielo
jääkiekko

el fútbol

jalkapallo

el bádminton

sulkapallo

el atletismo

yleisurheilu

el handball

käsipallo

el esquí

hiihto

el polo

poolo

las actividades
aktiviteetit

reír
nauraa
saltar
hypätä
abrazar
halata
caminar
kävellä
cantar
laulaa
soñar
unelmoida
rezar
rukoilla
besar
suudella

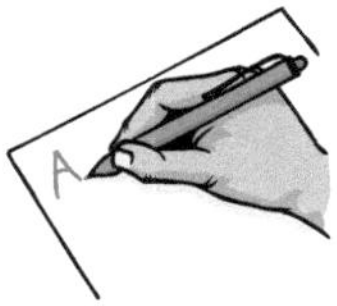

escribir

kirjoittaa

dibujar

piirtää

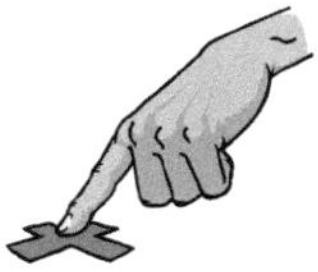

mostrar

näyttää

empujar

painaa

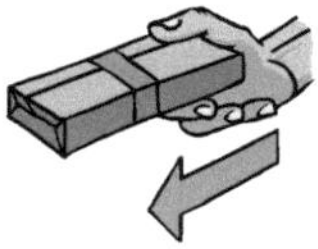

dar

antaa

tomar

ottaa

tener

omistaa

hacer

tehdä

ser

olla

estar parado

seisoa

correr

juosta

jalar

vetää

arrojar

heittää

caer

kaatua

estar acostado

maata

esperar

odottaa

llevar

kantaa

estar sentado

istua

vestirse

pukeutua

dormir

nukkua

despertar

herätä

mirar

katsoa

llorar

itkeä

acariciar

silittää

peinar

kammata

hablar

puhua

entender

ymmärtää

preguntar

kysyä

escuchar

kuunnella

beber

juoda

comer

syödä

ordenar

siivota

amar

rakastaa

cocinar

keittää

conducir

ajaa

volar

lentää

navegar

purjehtia

42

calcular

laskea

leer

lukea

aprender

oppia

trabajar

työskennellä

casarse

mennä naimisiin

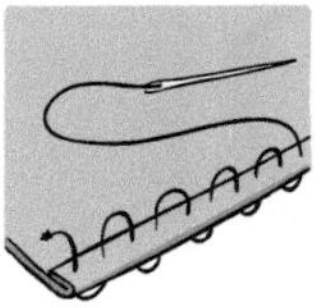

coser

ommella

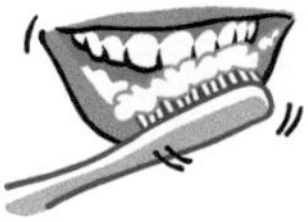

cepillarse los dientes

pestä hampaat

matar

tappaa

fumar

tupakoida

enviar

lähettää

la familia
perhe

la abuela
mummo
el abuelo
ukki
el padre
isä
la madre
äiti
el bebé
vauva
la hija
tytär
el hijo
poika

el invitado

vieras

la tía

täti

el tío

setä

el hermano

veli

la hermana

sisko

el cuerpo

vartalo

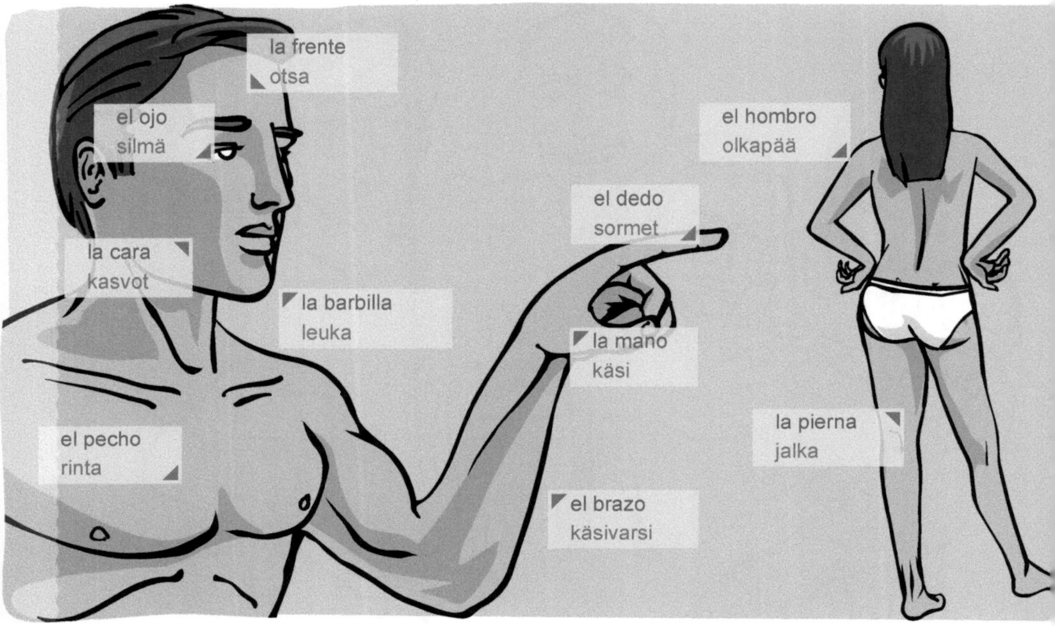
la frente
otsa
el ojo
silmä
el hombro
olkapää
el dedo
sormet
la cara
kasvot
la barbilla
leuka
la mano
käsi
la pierna
jalka
el pecho
rinta
el brazo
käsivarsi

el bebé

vauva

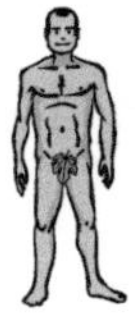

el hombre

mies

la mujer

nainen

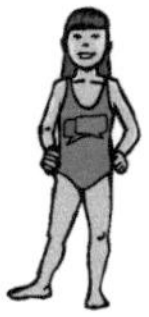

la niña

tyttö

el niño

poika

la cabeza

pää

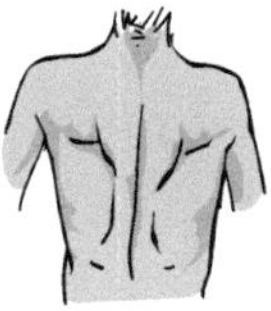

la espalda

selkä

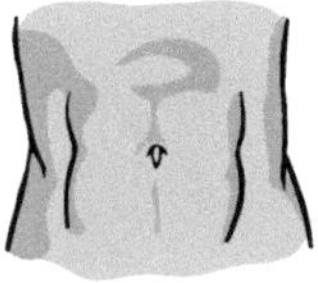

la barriga

maha

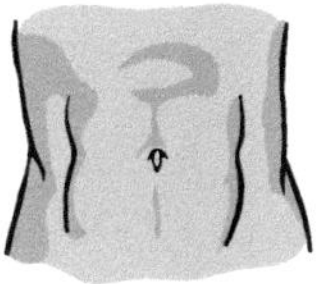

el ombligo

napa

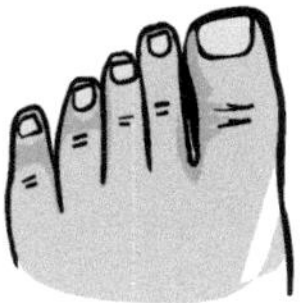

el dedo del pie

varvas

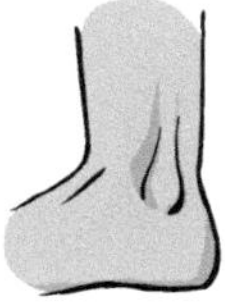

el talón

kantapää

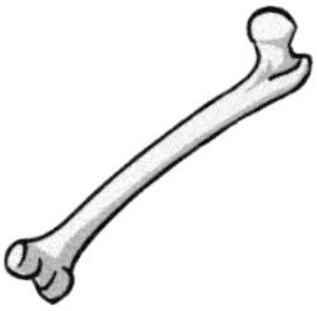

el hueso

luu

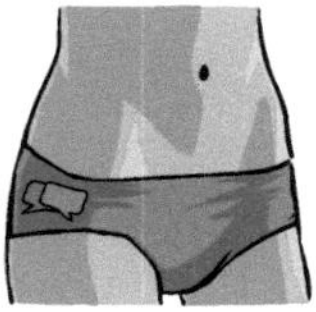

la cadera

lantio

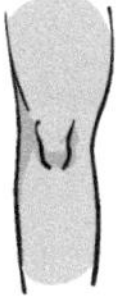

la rodilla

polvi

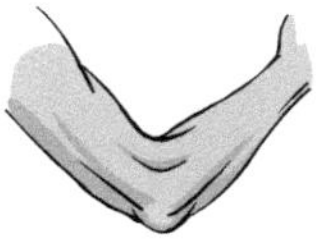

el codo

kyynärpää

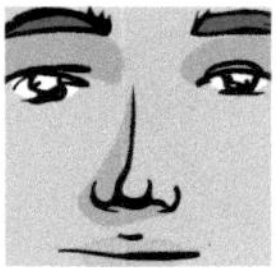

la nariz

nenä

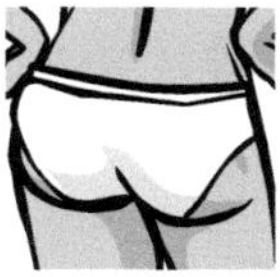

las pompis

takapuoli

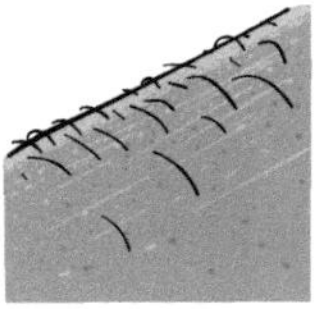

la piel

iho

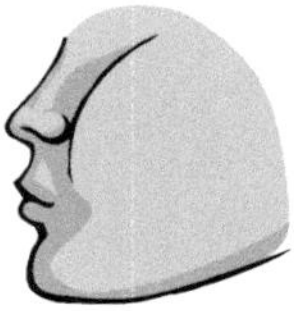

la mejilla

poski

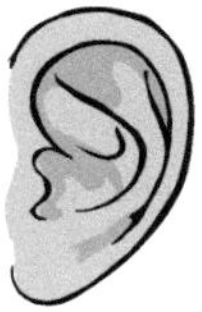

el oído

korva

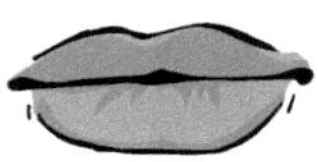

el labio

huuli

la boca

suu

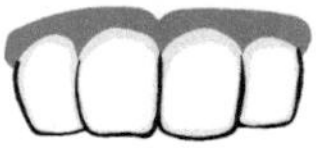

el diente

hammas

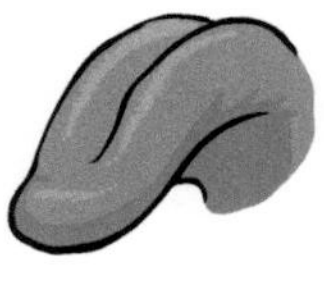

la lengua

kieli

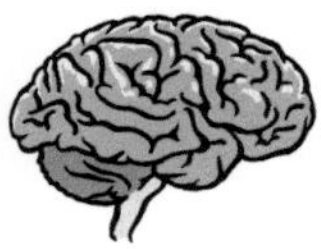

el cerebro

aivot

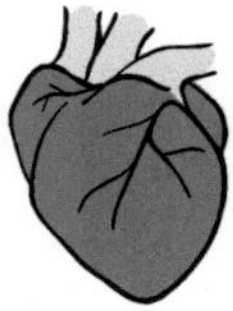

el corazón

sydän

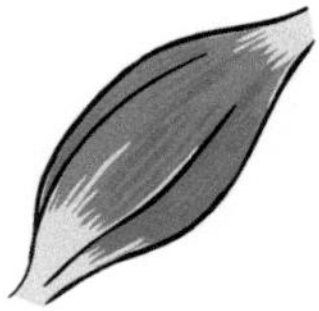

el músculo

lihas

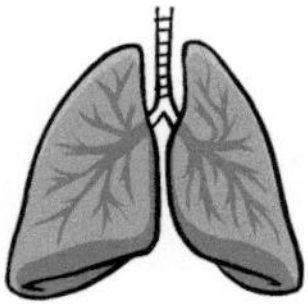

el pulmón

keuhkot

el hígado

maksa

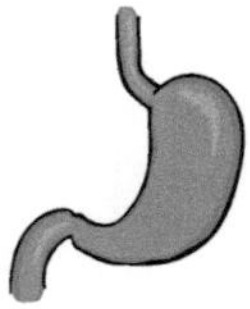

el estómago

vatsa

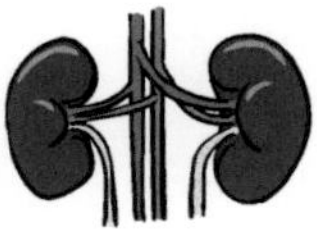

los riñones

munuaiset

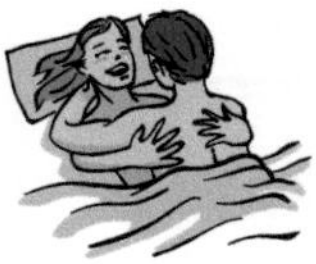

el sexo

seksi

el condón

kondomi

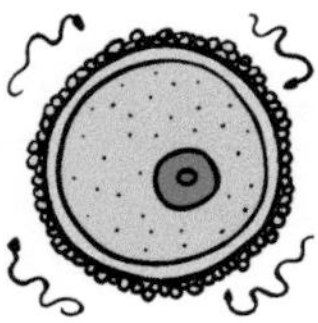

el óvulo

munasolu

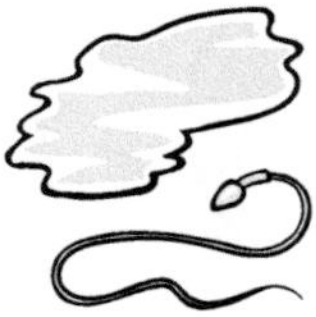

el semen

sperma

el embarazo

raskaus

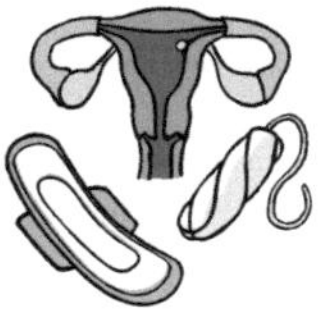

la menstruación

kuukautiset

la vagina

vagina

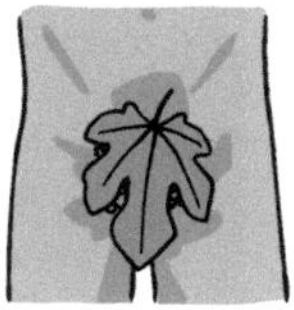

el pene

penis

la ceja

kulmakarvat

el cabello

hiukset

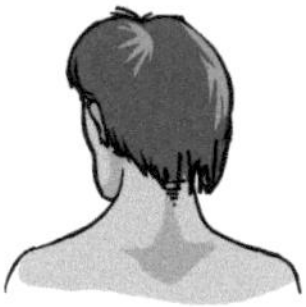

el cuello

niska

el hospital
sairaala

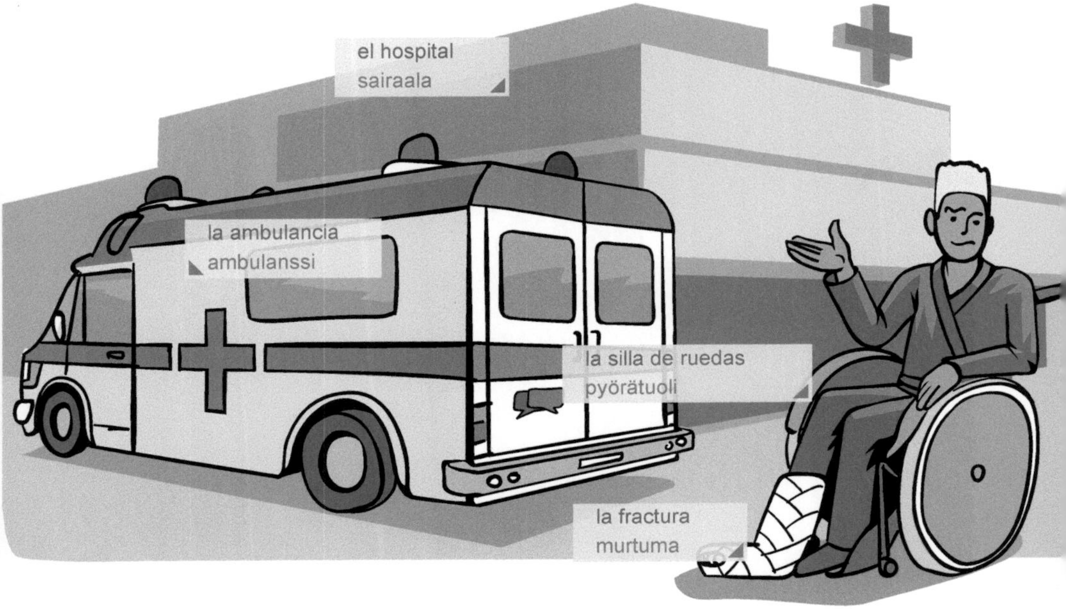

el hospital
sairaala
la ambulancia
ambulanssi
la silla de ruedas
pyörätuoli
la fractura
murtuma

el médico

lääkäri

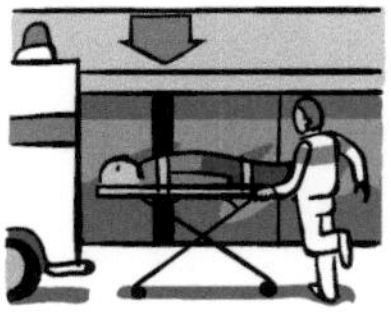

la sala de emergencias

ensiapu

la enfermera

sairaanhoitaja

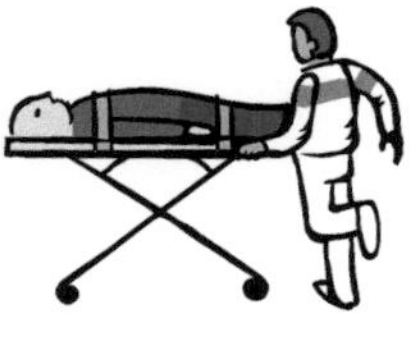

la emergencia

hätätilanne

inconsciente

tajuton

el dolor

kipu

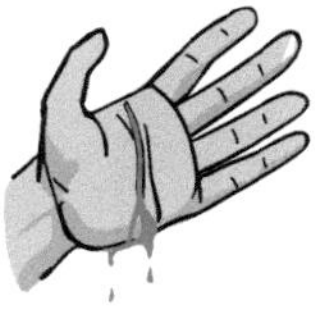

la lesión

vamma

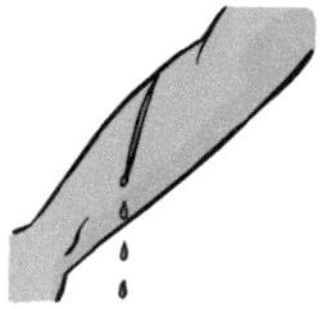

la hemorragia

verenvuoto

el infarto

sydänkohtaus

el accidente cerebrovascular

aivoinfarkti

la alergia

allergia

la tos

yskä

la fiebre

kuume

la gripa

flunssa

la diarrea

ripuli

el dolor de cabeza

päänsärky

el cáncer

syöpä

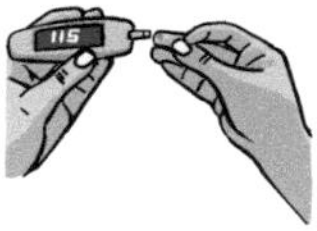
115

la diabetes

diabetes

el cirujano

kirurgi

el bisturí

veitsi

la operación

leikkaus

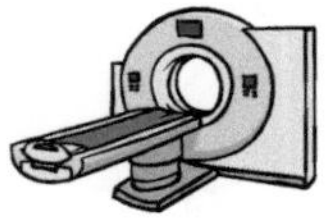

TC

ct

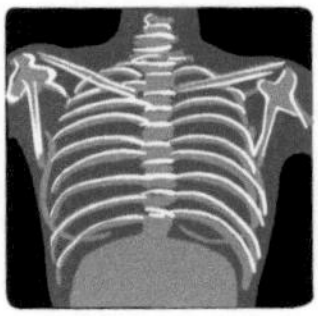

los rayos x

röntgen

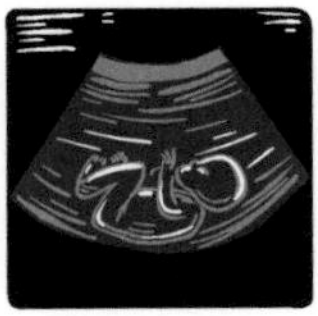

el ultrasonido

ultraääni

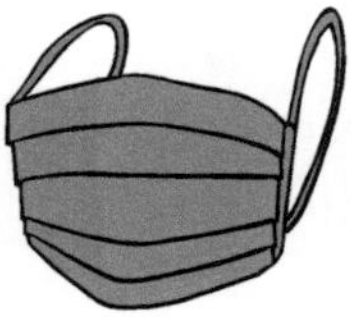

la mascarilla

maski

la enfermedad

sairaus

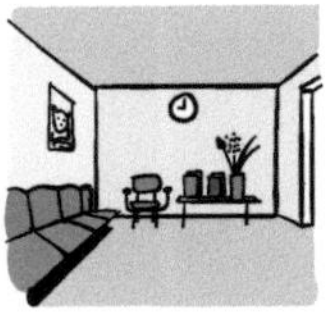

la sala de espera

odotushuone

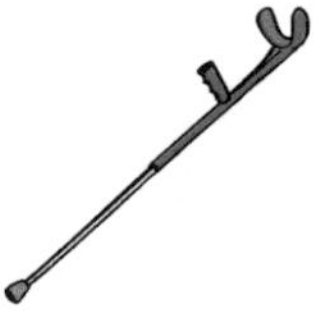

la muleta

sauva

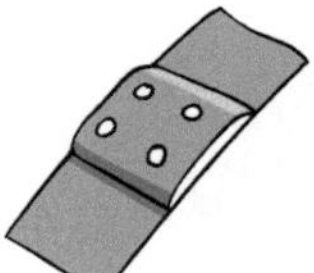

la vendita

laastari

el vendaje

side

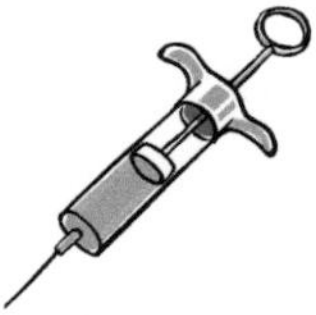

la inyección

pistos

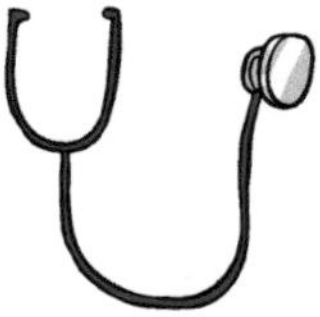

el estetoscopio

stetoskooppi

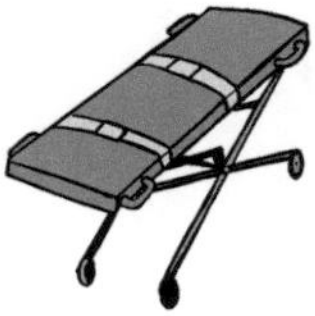

la camilla

paarit

el termómetro

kuumemittari

el nacimiento

syntymä

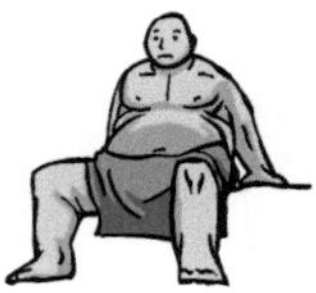

el sobrepeso

ylipaino

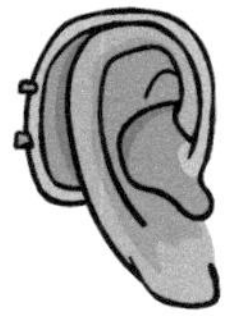

el audífono

kuulolaite

el desinfectante

desinfiointiaine

la infección

infektio

el virus

virus

VIH / SIDA

HIV / AIDS

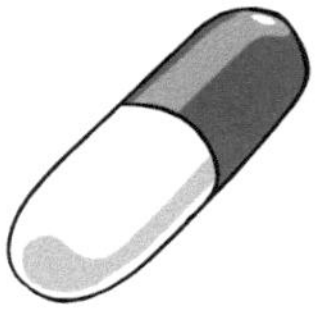

la medicina

lääke

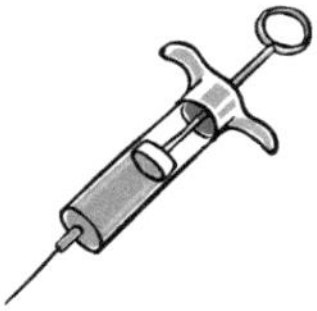

la vacunación

rokotus

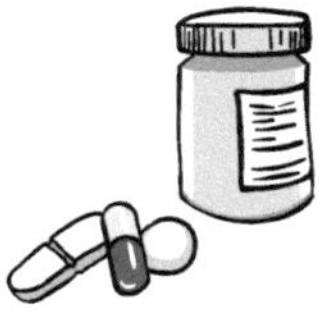

las tabletas

tabletit

la pastilla anticonceptiva

pilleri

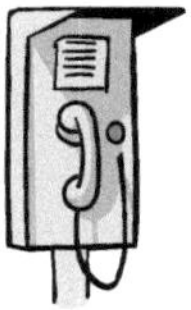

la llamada de emergencia

hätäpuhelu

el medidor de presión

verenpainemittari

enfermo / sano

sairas / terve

la emergencia
hätätilanne

¡Socorro!

Apua!

la alarma

hälytys

la agresión

ryöstö

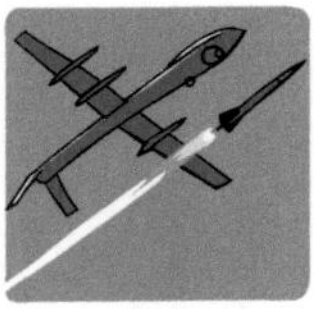

el ataque

hyökkäys

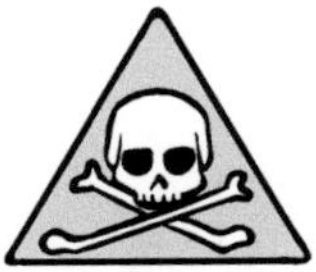

el peligro

vaara

la salida de emergencia

hätäuloskäynti

¡Fuego!

Tulipalo!

el extintor de incendios

palosammutin

el accidente

onnettomuus

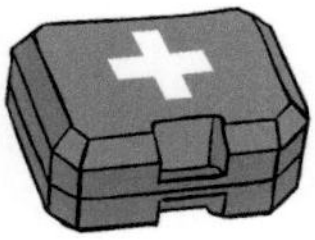

el botiquín de primeros auxilios

ensiapulaukku

SOS

SOS

SOS

la policía

poliisilaitos

la tierra
maa

Europa

Eurooppa

Norteamérica

Pohjois-Amerikka

Sudamérica

Etelä-Amerikka

África

Afrikka

Asia

Aasia

Australia

Australia

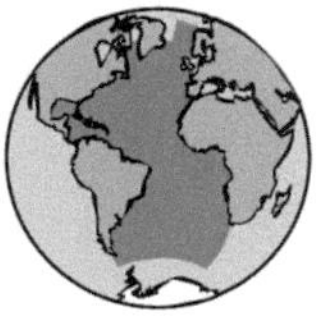

el Atlántico

Atlantin valtameri

el Pacífico

Tyynimeri

el Océano Índico

Intian valtameri

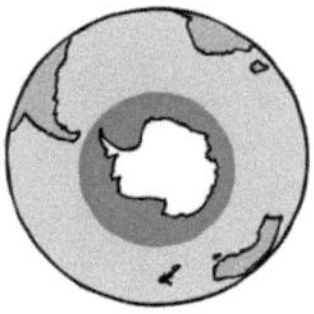

el Océano Antártico

Eteläinen jäämeri

el Océano Ártico

Pohjoinen jäämeri

el polo norte

pohjoisnapa

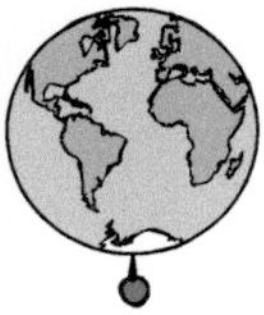

el polo sur

etelänapa

la Antártida

Antarktis

la tierra

maa

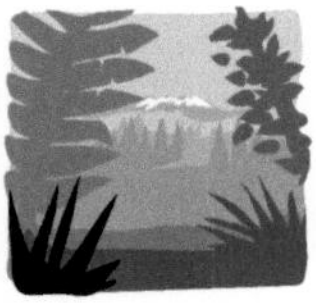

la tierra

maa

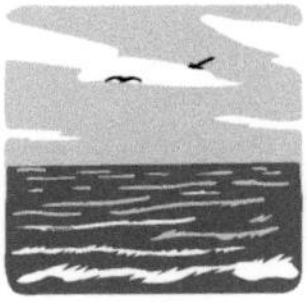

el mar

meri

la isla

saari

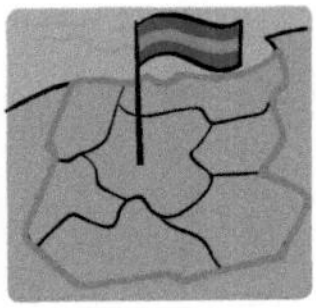

la nación

kansa

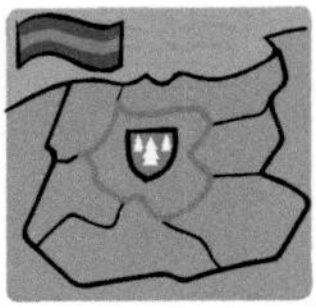

el estado

osavaltio

el reloj
kello

la esfera

kellotaulu

la manecilla de las horas

tuntiviisari

el minutero

minuuttiviisari

el segundero

sekuntiviisari

¿Qué hora es?

Paljonko kello on?

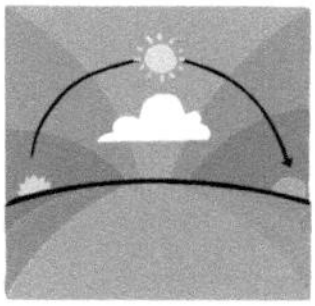

el día

päivä

la hora

aika

ahora

nyt

el reloj digital

digitaalikello

el minuto

minuutti

la hora

tunti

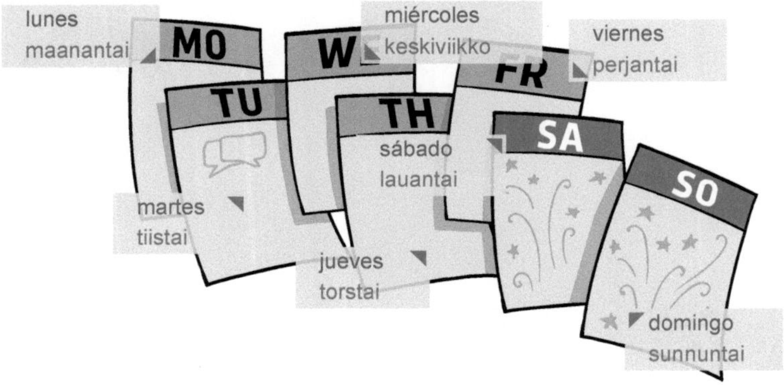

lunes
maanantai
miércoles
keskiviikko
viernes
perjantai
MO
W
FR
TU
TH
SA
SO
sábado
lauantai
martes
tiistai
jueves
torstai
domingo
sunnuntai

TUE
MON
1

ayer

eilen

TUE
2

hoy

tänään

TUE

mañana

huomenna

la mañana

aamu

el mediodía

keskipäivä

la tarde

ilta

MO TU WE TH FR SA SU

los días laborables

työpäivät

MO TU WE TH FR SA SU

el fin de semana

viikonloppu

el año
vuosi

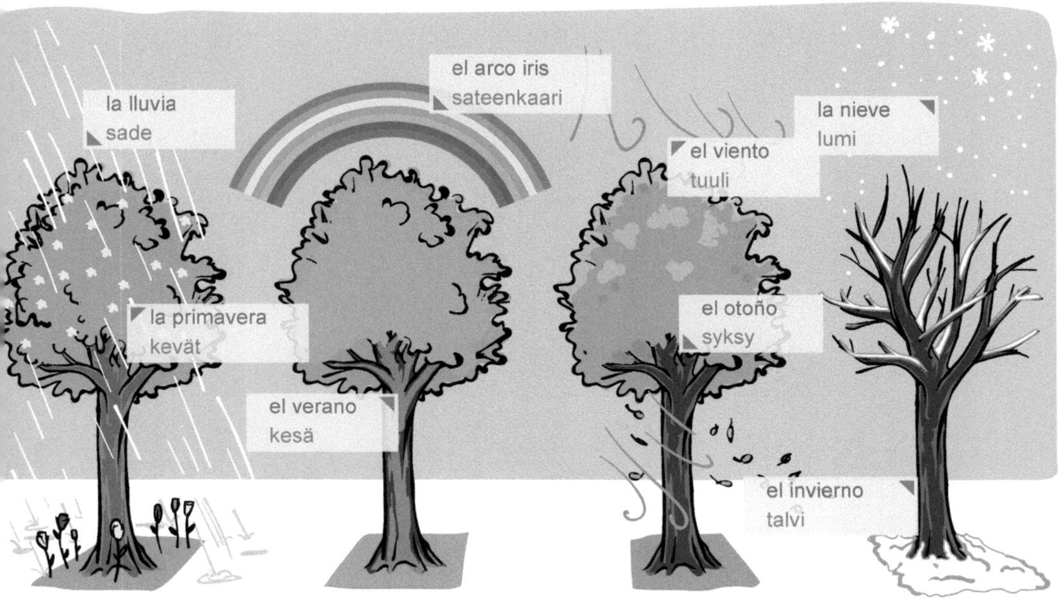
la lluvia
sade
el arco iris
sateenkaari
la nieve
lumi
el viento
tuuli
la primavera
kevät
el otoño
syksy
el verano
kesä
el invierno
talvi

4.APRIL 11°
5.APRIL 4°
6.APRIL 13°
7.APRIL 8°
8.APRIL 10°

el pronóstico del tiempo

sääennuste

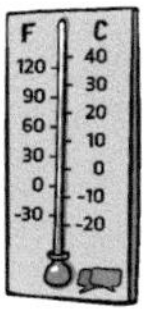
F C
120 40
90 30
60 20
30 10
0 0
-30 -10
-20

el termómetro

lämpömittari

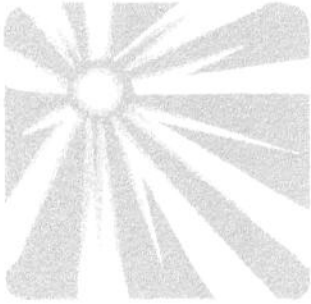

el sol

auringonpaiste

la nube

pilvi

la niebla

sumu

la humedad

ilmankosteus

el rayo

salama

el trueno

ukkonen

la tormenta

myrsky

el granizo

rae

el monzón

monsuuni

la inundación

tulva

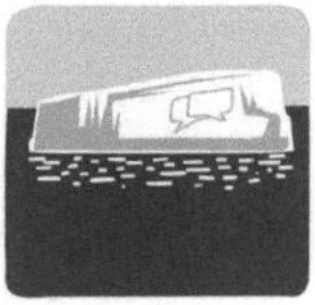

el hielo

jää

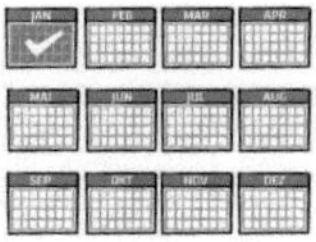

enero

tammikuu

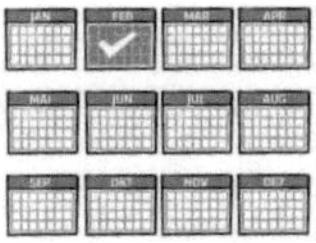

febrero

helmikuu

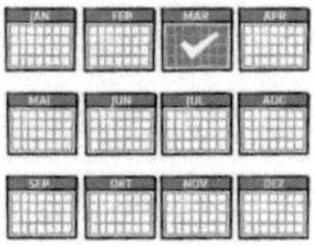

marzo

maaliskuu

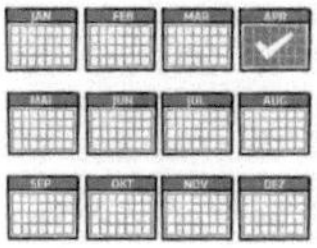

abril

huhtikuu

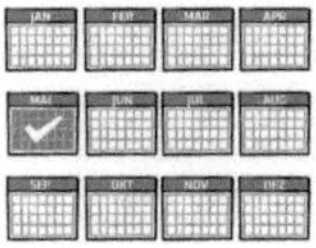

mayo

toukokuu

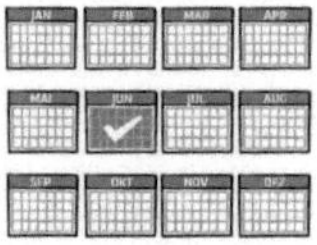

junio

kesäkuu

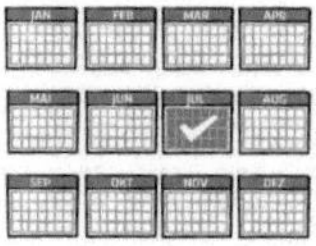

julio

heinäkuu

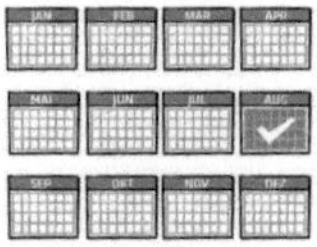

agosto

elokuu

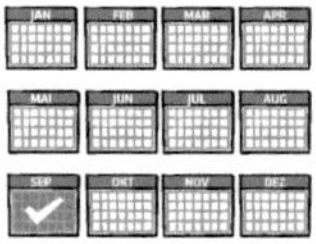

septiembre
....
syyskuu

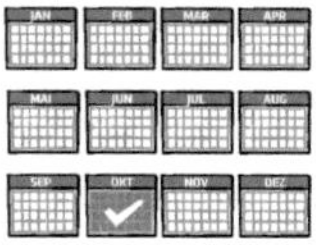

octubre
....
lokakuu

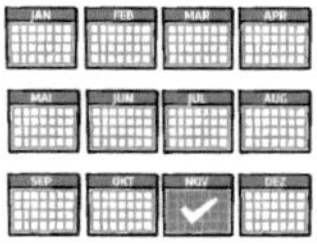

noviembre
....
marraskuu

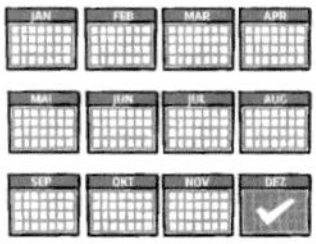

diciembre
....
joulukuu

las formas
muodot

el círculo
....
ympyrä

el cuadrado
....
neliö

el rectángulo
....
suorakulmio

el triángulo
....
kolmio

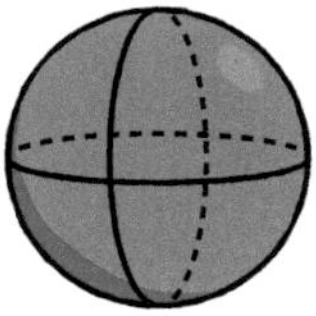

la esfera
....
pallo

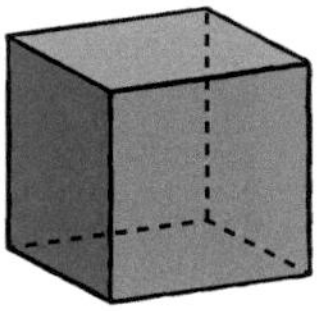

el cubo
....
kuutio

colores
värit

blanco

valkoinen

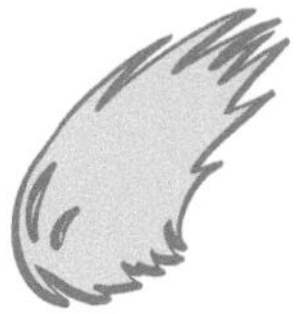

amarillo

keltainen

naranja

oranssi

rosa

vaaleanpunainen

rojo

punainen

morado

violetti

azul

sininen

verde

vihreä

marrón

ruskea

gris

harmaa

negro

musta

los opuestos
vastakohdat

mucho / poco
paljon / vähän

enojado / tranquilo
vihainen / ystävällinen

bonito / feo
kaunis / ruma

principio / fin
alku / loppu

grande / pequeño
suuri / pieni

claro / oscuro
vaalea / tumma

el hermano / la hermana
veli / sisko

limpio / sucio
puhdas / likainen

completo / incompleto
täydellinen / epätäydellinen

el día / la noche
päivä / yö

muerto / vivo
kuollut / elävä

ancho / angosto
leveä / kapea

comestible / no comestible

syötävä / syömäkelvoton

malo / amable

paha / kiltti

entusiasmado / aburrido

innostunut / tylsistynyt

gordo / delgado

lihava / laiha

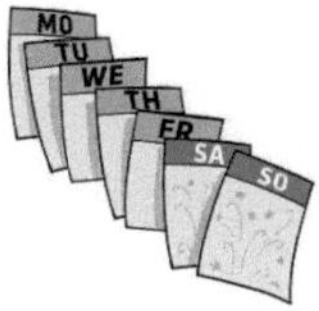
MO
TU
WE
TH
FR
SA
SO

primero / último

ensimmäinen / viimeinen

el amigo / el enemigo

ystävä / vihollinen

lleno / vacío

täysi / tyhjä

duro / blando

kova / pehmeä

pesado / ligero

painava / kevyt

el hambre / la sed

nälkä / jano

enfermo / sano

sairas / terve

ilegal / legal

laiton / laillinen

inteligente / tonto

älykäs / tyhmä

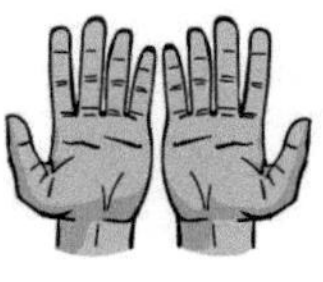

izquierda / derecha

vasen / oikea

cerca / lejos

lähellä / kaukana

nuevo / usado

uusi / käytetty

nada / algo

ei mitään / jotain

viejo / joven

vanha / nuori

encendido / apagado

päällä / pois päältä

abierto / cerrado

auki / kiinni

silencioso / ruidoso

hiljainen / äänekäs

rico / pobre

rikas / köyhä

correcto / incorrecto

oikein / väärin

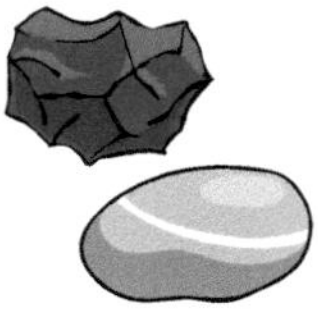

áspero / suave

karhea / sileä

triste / contento

surullinen / iloinen

corto / largo

lyhyt / pitkä

lento / rápido

hidas / nopea

húmedo / seco

märkä / kuiva

caliente / frío

lämmin / viileä

guerra / paz

sota / rauha

los números
numerot

0	1	2
cero	uno	dos
nolla	yksi	kaksi
3	4	5
tres	cuatro	cinco
kolme	neljä	viisi
6	7	8
seis	siete	ocho
kuusi	seitsemän	kahdeksan
9	10	11
nueve	diez	once
yhdeksän	kymmenen	yksitoista

12	**13**	**14**
doce	trece	catorce
kaksitoista	kolmetoista	neljätoista
15	**16**	**17**
quince	dieciséis	diecisiete
viisitoista	kuusitoista	seitsemäntoista
18	**19**	**20**
dieciocho	diecinueve	veinte
kahdeksantoista	yhdeksäntoista	kaksikymmentä
100	**1.000**	**1.000.000**
cien	mil	el millón
sata	tuhat	miljoona

los idiomas
kielet

el inglés

englanti

el inglés americano

amerikanenglanti

el chino mandarín

mandariinikiina

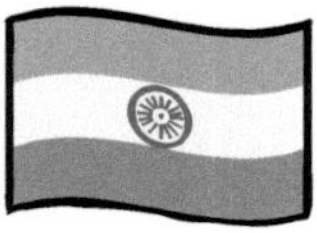

el hindi

hindi

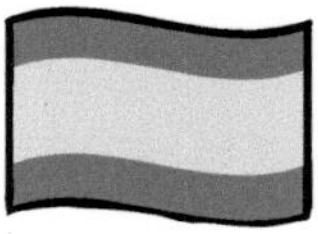

el español

espanja

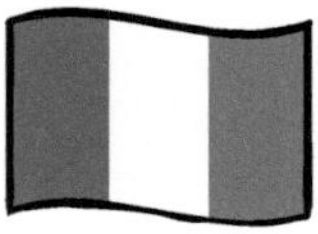

el francés

ranska

el árabe

arabia

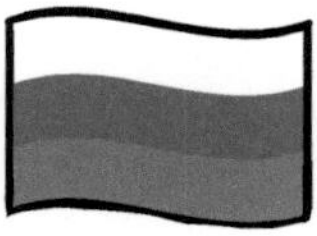

el ruso

venäjä

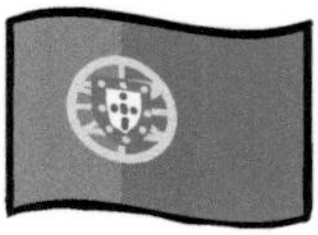

el portugués

portugali

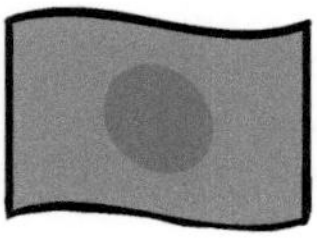

el bengalí

bengali

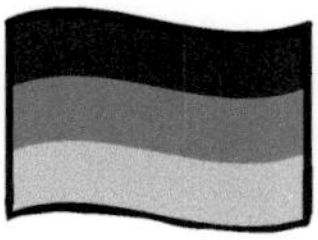

el alemán

saksa

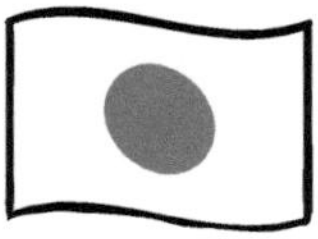

el japonés

japani

quién / qué / cómo
kuka / mitä / miten

yo
minä

tú
sinä

él / ella
hän

nosotros
me

vosotros
te

ellos
he

¿quién?
kuka?

¿qué?
mitä / mikä?

¿cómo?
miten?

¿dónde?
missä?

¿cuándo?
milloin?

HELLO, I AM

el nombre
nimi

dónde

missä

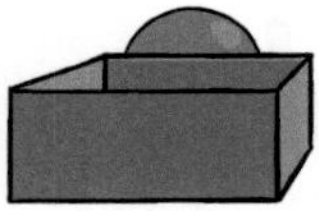

detrás

takana

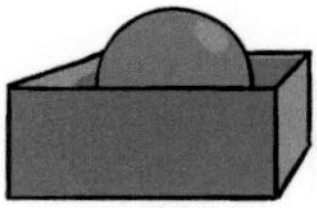

en

sisällä

delante de

edessä

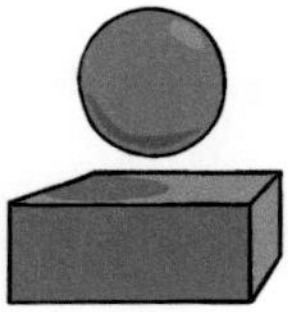

por encima de

yläpuolella

sobre

päällä

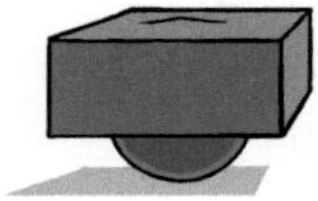

debajo de

alapuolella

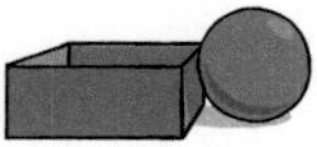

junto a

vieressä

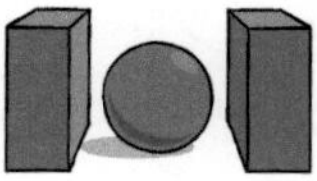

entre

välissä

el lugar

paikka